历史从这里出发

史记里的朋友圈

大翼翼　艾　华◎编著
王炫予◎绘

中国轻工业出版社

图书在版编目（CIP）数据

史记里的朋友圈. 历史从这里出发 / 大翼翼，艾华编著；王炫予绘. —北京：中国轻工业出版社，2024.11

ISBN 978-7-5184-4925-5

Ⅰ.①史… Ⅱ.①大… ②艾… ③王… Ⅲ.①《史记》—青少年读物 Ⅳ.①K204.2-49

中国国家版本馆CIP数据核字（2024）第070870号

责任编辑：李　锋　熊　隽

策划编辑：李　锋　　责任终审：高惠京　　整体设计：董　雪

排版制作：雨　山　　责任校对：朱　慧　朱燕春　　责任监印：张京华

出版发行：中国轻工业出版社（北京鲁谷东街5号，邮编：100040）

印　　刷：北京博海升彩色印刷有限公司

经　　销：各地新华书店

版　　次：2024年11月第1版第1次印刷

开　　本：889×1194　1/32　印张：4

字　　数：140千字

书　　号：ISBN 978-7-5184-4925-5　定价：28.00元

邮购电话：010-85119873

发行电话：010-85119832　010-85119912

网　　址：http://www.chlip.com.cn

Email：club@chlip.com.cn

240020E2X101ZBW

走进名人的朋友圈，跟着《史记》读历史

《史记》是西汉史学家司马迁历时 14 年完成的旷世佳作，为二十四史之首。作为中国历史上第一部以人物传记为中心，叙述当时史实的纪传体通史，它记载了上起传说中的黄帝，下至汉武帝，其间共 3000 多年的历史，全书约 526500 字，共 130 篇，包括十二本纪、三十世家、七十列传、十表、八书，规模巨大，体系完备。对于当代青少年而言，读《史记》不仅可以学习中国历史，了解中国古代政治、经济、文化等方面的发展演变，还能培养唯物史观和文化认同感，增强民族自豪感。

这套《史记里的朋友圈》以历史演变为时间顺序，精选了各历史时期的代表性人物，以第一人称视角，结合当代青少年熟悉的“朋友圈”形式，再现了一段段惊心动魄、风云变幻的历史。在保留历史原貌的基础上，用趣味横生的语言、幽默生动的漫画进行讲述，帮助小读者轻松、愉悦、无压力地爱上历史，清晰掌握历史的发展脉络。

为了便于阅读，各章开头会先展示历史人物的基本档案，梳理主要的人物关系，再通过文字叙述和历史人物的“朋友圈”“群聊”等，展现历史人物的主要事迹。最后，通过“经典原文”“历史小达人”“太史公说”等板块，提升小读者的古文水平，增加知识储备，启迪历史思维。

来吧，让我们一起走进好玩的“朋友圈”，去看看那些精彩的历史故事！

目录

大家好！我是超会讲故事的司马迁，担任过记录史料的太史令一职，所以人们也称我为“太史公”。我编了一部叫《史记》的书，里面有许多历史名人以及他们的传奇事迹，希望你会感兴趣。

黄帝

华夏始祖

姓名： 姓公孙，
后改姓姬，名轩辕，
史称“黄帝”
生卒年： 不详
职业： 部落联盟首领
代表事迹： 统一华夏部落，
被尊为“人文初祖”

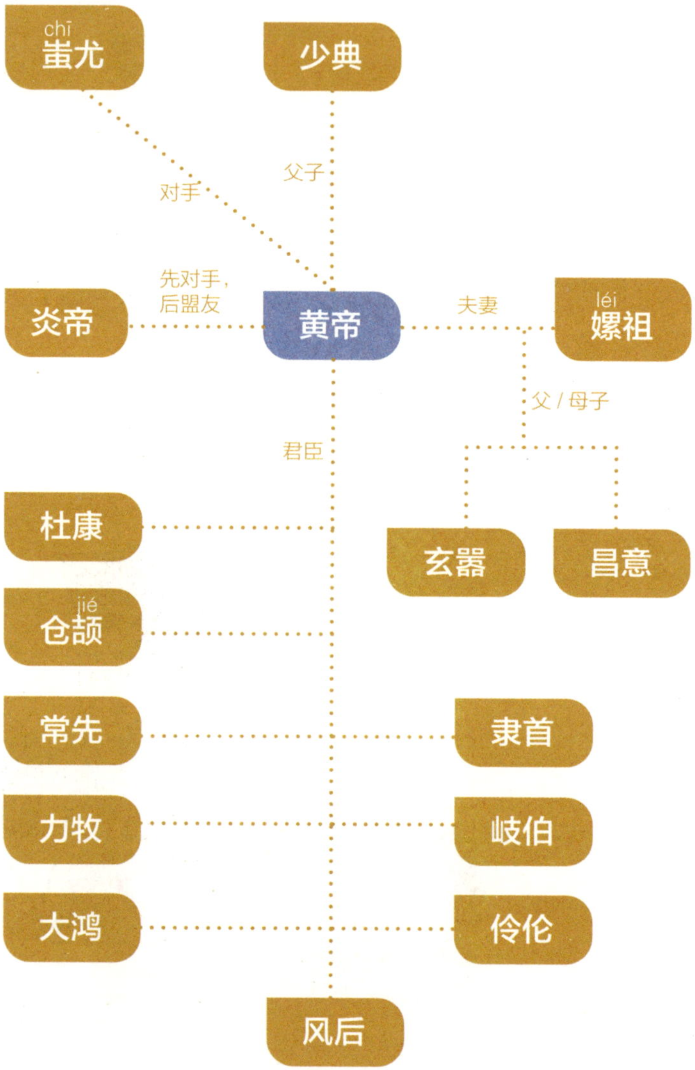
chī
蚩尤
少典
对手
父子
先对手，
后盟友
炎帝
黄帝
夫妻
léi
嫘祖
父 / 母子
君臣
玄嚣
昌意
杜康
jié
仓颉
常先
隶首
力牧
岐伯
大鸿
伶伦
风后

司马迁

上古时期，遍地都是大咖，今天我们要说的这位，他不仅统一了中原各部落、推动了农耕文明发展、发明了水井、舟、车，还是传说中中原各族的共同祖先，他就是位居三皇五帝之首的黄帝。

炎帝：我和黄帝是不打不相识，英雄惜英雄。

蚩尤：要是没有黄帝，统一中原各部落的就是我蚩尤。哼，我不服！

嫘祖：作为跟黄帝一起创业的人，我深知他的不容易，不信的话，就去看看他的朋友圈，了解一下真相。

司马迁：虽然都说他只是个传说，但我相信，他一定真实存在过。

少年有为

黄帝

我的先祖是有熊氏的首领少典氏，我姓公孙，名轩辕，所以我通常自称公孙轩辕。后来呢，因为长居姬水边，我就改姓姬了……大家都说我是姬水边最靓的仔。

邻居 1： 姬水旁边的那个小伙子真不错，前几天帮我把鱼背回了家。👍

邻居 2： 小伙子人品好，又能干，前几天还帮我们解决了土地的界线问题。👍

邻居 3： 他爹是有熊氏部落的首领，我看这个娃娃能成大器。👍

“二月二，龙抬头；三月三，生轩辕。”相传黄帝出生在农历三月初三这一天，而且天生与众不同，刚出生几个月就会说话了。幼年时，他就比同龄的孩子聪明很多。

少年黄帝知礼好学，勤劳诚实，集多种优秀品质于一身。成年以后就更了不得了，他不仅明辨是非，还有非凡的见识与眼光，待人处事公平公正，部落的长辈们都很看好他。

在希望的田野上

黄帝 20 岁的时候，继承了父亲的位置，成了有熊氏的部落首领，也就是一方的诸侯长。那个时代，各个部落之间相互征伐，争夺地盘。人们缺衣少食，常常是吃了上顿没下顿的，个个饿得面黄肌瘦。

黄帝

光靠打猎获取食物，难免发生意外，大家有没有什么好主意？在线等。

下属 1

其他部落不也是这样吗？

下属 2

老大，我们把野兽驯养成家禽、家畜，如何？

下属 3

养家禽、家畜的粮食从哪里来？

黄帝

是不是可以种植粮食呢？

为了不被别的部落欺负，黄帝把大家召集起来，一起商讨部落的发展大业。

黄帝

部落要发展，就要解决吃饭的问题，想要吃饱饭，就要先搞生产。各位有什么好的思路，欢迎私信我！

仓颉： 我要把这些宝贵的经验保留下来，画个图来总结下！

黄帝： 不错，不错。

杜康： 老大，我把那些多余的粮食多放了几天，竟然酿出了一种饮料，您尝尝？

黄帝： 嗯嗯，味道不错，就是有点上头，我给它想了一个名字——酒！

杜康： @仓颉 老兄，把“酒”字造一下呗！晚上我们约起来，品尝新酒呀！

仓颉： 约，约，约！

黄帝： 约，约，约！

黄帝带领部落里的男人们种植五谷（稻、麦、黍、稷、菽等粮食作物）的时候，他的妻子嫘祖也没闲着。她偶然发现桑树上的“白果”居然可以用来抽丝制衣。于是，嫘祖组织部落的女人们，开启了养蚕事业。

嫘祖

最近，蚕宝宝已经开始结茧了，再过不久就可以“抽丝剥茧”啦！

黄帝： 太好了！我又有新衣服穿了。😄

嫘祖： @黄帝 我开发了一条新的生产线，以后，不但咱们部落的人都有新衣穿，而且还可以出口到别的部落去。👍

黄帝： 辛苦啦！

伶伦： @嫘祖 听说蚕宝宝们喜欢听音乐，我又创作了10首新曲子。

隶首： @嫘祖 上次给您的算盘，好用吗？

嫘祖： @隶首 好用，它不仅能数虎皮、蚕茧，还能统计收成呢！👍

在黄帝的带领下，他的部落迅速地发展壮大起来。不过，他也遇到了劲敌——炎帝（号神农氏）。

黄帝和炎帝原本都是少典氏的后代，随着部落的分散、迁移，黄帝住到了姬水边，炎帝来到了姜水附近。时间一长，他们的风俗习惯也发生了变化，慢慢地就变成了两个部落。

作为一方首领，炎帝也是个致富小能手，他带领大家发展农业，尝百草制药。一次，炎帝和大家一起围猎，看到野猪拱过的土地变得非常蓬松。

于是，炎帝发明出了农具耒耜（lěi sì），还教族人用“火耕”的方法开垦土地，这些创新大大提高了粮食产量，他们的部落变得越来越强大，和黄帝的部落一起成为当时最强的两个部落。

随着部落的发展，他们为了各自的利益开始互相争斗。在那个时代，一旦打了败仗，轻则财物被抢光，重则丢掉性命。

今天因为一块田地，明天为了粮食和牲畜，黄帝的部落也经常被人找碴。为了保卫家园，黄帝勤加练兵，把那些前来闹事的部落打得落花流水，直到他们都归顺为止。

黄帝手下的人被炎帝欺负了，黄帝火冒三丈。可是炎帝家大业大，黄帝认为自己还不是炎帝的对手。于是，黄帝更加努力地发展生产，然后驯养了熊、罴（pí）、貔（pí）、貅（xiū）、貙（chū）、虎 6 种猛兽，和炎帝在阪泉（今河北涿鹿东南）大战了一番。

炎帝先用火攻击黄帝的军队，黄帝派应龙喷水应战。阵阵浓烟遮住了炎帝军队的视线，他们被打了个措手不及。

黄帝

我们截住了炎帝的退路，他只能往山谷中逃跑，我们正好来一个瓮中捉鳖。所有人听我命令，绝不能伤害炎帝性命。

炎帝：胜者为王，败者为寇，落你手上了，任由你处置。😂

黄帝：@炎帝 您是我敬仰的英雄，咱们讲和吧，以后就以兄弟相称。

炎帝：不打不相识啊！😂

涿鹿之战

炎帝归顺黄帝之后，将自己部落的耕种技术教授给黄帝部落，两大部落不仅通婚，还进行文化交流，逐渐形成了部落联盟。

不过，总有些不服的人想要搞事情。黄帝部落的附近，住着一个强大的九黎部落，他们的首领蚩尤是个暴脾气，常常去进扰别的部落。这样一来，天下就形成了炎帝、黄帝、蚩尤三足鼎立的局面。炎帝和黄帝的部落联合后，蚩尤不服气，便开始上门挑衅。

炎帝

这蚩尤长得吓人就算了，还研究出一批黑科技武器，到处欺负人。

黄帝

我们带着他一起种地，怎么样？

炎帝

这个有点儿难，他们擅长游猎，个个铜头铁额，没饭吃就抢，不好办啊！

黄帝

啊？没饭吃就抢，这还了得！无法无天了，我得去管管他。

炎帝

就指着你给我们撑腰了。

为了保护自己的子民，黄帝领着他的军队与蚩尤进行了艰苦的战斗，你来我往，各有胜负。双方最终在涿鹿（今河北涿鹿东南）展开了决战。

黄帝

蚩尤召集了 81 个兄弟，还请了风伯雨师，掀起了一场狂风暴雨，幸亏我有女神旱魃（bá）相助，成功地消退了风雨。没想到蚩尤不死心，竟然设下迷雾阵，这就有点儿棘手了啊！

风后： 大王莫怕，这是我最新发明的指南车。

仓颉： 有了它，就算再大的雾也能辨清方向了，看蚩尤还能得意到几时。

黄帝： @ 风后 给你颁一个“最强发明奖”！

力牧： 大王，这里还有个好消息，我们发明了车，用它来运送石块，很省力。

黄帝： @ 力牧 真是天助我也。

力牧： @ 黄帝 我们抓住了蚩尤。

蚩尤： 我不服啊！

华夏始祖

黄帝打败蚩尤以后，为了巩固来之不易的胜利，在涿鹿修建了都城。大家都尊黄帝为天子，就这样，黄帝成了华夏部落联盟的首领。

黄帝

天下这么大，我要用脚去丈量一下。我往东到过东海，登上了丸山和泰山；往西到达了崆峒山，登上了鸡头山；往南到过长江，登上了熊耳山、湘山。北方的獯鬻（xūn yù）部落这时来捣乱，必须赶走！

黄帝： 风后、力牧、常先、大鸿，你们分别驻守东南西北 4 个部落，管理当地民众。

风后： 您是天子，我们就是云朵，咱们的军队就是云师。

力牧： 黄帝威武，云师威武。

创业难，守业更难

炎帝

黄帝统一了中原各部落，建都涿鹿。大家和睦相处，这便是黄帝最大的贡献。

蚩尤

哼，这个位子原本应该是我的！

黄帝

可是涿鹿之战，你终究是输了。

蚩尤

算了，就算我打赢了，让我管理这一大摊子事儿，劳神费力的，想想就头疼。

黄帝

是呀，开国难，治国更难。今年大旱，地里的庄稼到现在还没出苗呢！真急人。

风后

我夜观天象，推测明天就有雨。有了这场雨，我们就不怕了！

黄帝

@风后 太好了，真是解了燃眉之急啊！

嫘祖

@风后 幸好你提前说，我得把鸟兽关到笼子里去。

岐伯

@黄帝 您的风寒病还没好呢，不能老出去溜达。

黄帝

神医，我吃了你的药，已经快好了！让你写的医书，也要抓点儿紧！

岐伯

@黄帝 嗯，基本差不多了，您再给修改修改！

经典原文

黄帝居轩辕之丘，而娶于西陵之女，是为嫘祖。嫘祖为黄帝正妃，生二子，其后皆有天下①：其一曰玄嚣，是为②青阳，青阳降居③江水；其二曰昌意，降居若水。昌意娶蜀山氏女，曰昌仆，生高阳，高阳有圣德焉。黄帝崩，葬桥山。其孙昌意之子高阳立，是为帝颛顼也。

——《史记·五帝本纪》

译文 黄帝居住在轩辕之丘，他娶了来自西陵的姑娘嫘祖。嫘祖是黄帝的正妃，她生了两个儿子，两个儿子后来都有自己的封地。第一个儿子叫玄嚣，也就是青阳，青阳被分封到江水立国；第二个儿子是昌意，他被分封到若水立国。后来，昌意娶了蜀山氏的女儿，也就是昌仆，他们的儿子是高阳，高阳的德行很高。黄帝去世后，葬在桥山。他的孙子，也就是昌意的儿子高阳成为首领，他就是颛顼（zhuān xū）帝。

注释：①天下：自己的封地。②是为：也就是。③降居：居住在。

历史小达人

海外华人为什么会自称为“炎黄子孙”？

“炎黄”是传说中原始社会时期两个部落的首领。“炎”是炎帝，据说他遍尝百草，发明耒耜，教百姓耕种，因而他又被称为神农氏，为中国农业的发展做出了巨大贡献。而“黄”是被后人尊为华夏始祖的黄帝。

炎帝和黄帝原本是对手。传说，人们为了感谢炎帝教百姓种植庄稼、尝百草的恩德，就推举他为所有部落的首领，统管天下。可是炎帝年纪大了，统治开始衰弱，各地部落首领逐渐不听炎帝的指挥，而黄帝所在的轩辕部落逐渐发展壮大。后来，黄帝跟炎帝在阪泉打了一仗，炎帝部落被打败了，黄帝和炎帝握手言和，联手治理天下，组成了炎黄部落联盟。

黄帝统一天下后，越来越多的部落归并到黄帝麾下。黄帝和聪明能干的手下发明了指南车、舟车、乐器、文字、算盘……为华夏文化的发展做出了很大的贡献。海外华人自豪地称自己为“炎黄子孙”，体现了他们对文化传统的自豪感，也体现了他们对祖先的敬仰和传承。

太史公说

《史记》中所说的“五帝”，是指黄帝、颛顼、帝喾（kù）、尧、舜。很多资料都记载了黄帝，但是这些资料都很不完善，也导致了关于五帝传说的混乱。太史公曾经西至崆峒山、北过涿鹿、东到大海、南到江淮，查阅了很多资料，访问了很多人，发现虽然大家都称颂五帝的功绩，但是各地对他们的描述又大不相同。于是太史公综合了各家的资料，加以整理，才写成了《五帝本纪》。

尧和舜

知人善任的典范

姓名： 尧，又称唐尧，祁姓，名放勋，原封于唐，故称陶唐氏

生卒年： 约公元前 2377—公元前 2259 年

职业： 部落联盟首领

代表事迹： 开创禅让制，制定历法，派鲧治水

姓名： 舜，又称虞（yú）舜，姚姓，一作妫（guī）姓，号有虞氏，名重华

生卒年： 约公元前 2277—公元前 2178 年

职业： 部落联盟首领

代表事迹： 善于用人，设立官职，治理洪水，巡视天下

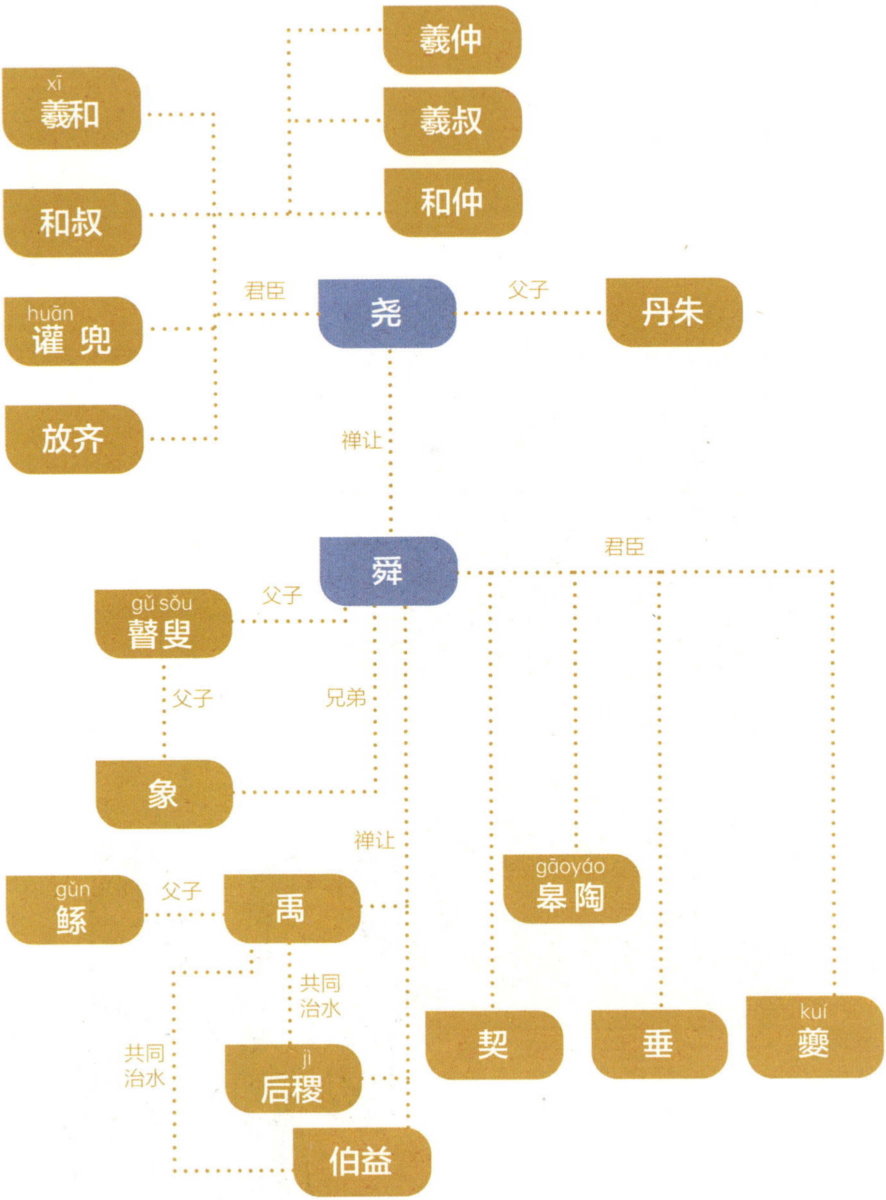
羲仲
xī
羲和
羲叔
和叔
和仲
君臣
尧
父子
丹朱
huān
驩兜
放齐
禅让
舜
君臣
gǔ sǒu
瞽叟
父子
父子
兄弟
象
禅让
gāoyáo
皋陶
gǔn
鲧
父子
禹
共同
治水
共同
治水
jì
后稷
契
垂
kuí
夔
伯益

司马迁

禅让制是古代选拔领导人的一种制度，即将王位传给有才能的人，传贤不传子，天下是大家的天下。今天这两位人物——尧和舜就是禅让的典范。

司马迁：@尧 您为什么不传位给自己的儿子丹朱呢？

尧：唉，自己的孩子自己清楚，丹朱性格冲动，传位给舜，我更放心。

丹朱：快要到手的宝座就这样飞走了。😡

领导的烦心事

尧的父亲是黄帝的曾孙帝喾，尧当上首领以后，一直以身作则，过着清苦的生活。吃的是粗茶淡饭，喝的是野菜素汤。冬天仅靠一件鹿皮袄取暖，夏天穿粗麻布衫蔽体。尧任命羲和主管天文，考察日月星辰的运行规律，制定历法，告诉人们播种和收获的季节。羲仲通过观察，确定了“春分”，督促大家开始春耕。羲叔在南方，确定了“夏至”。和仲在西方，确定了“秋分”。和叔在北方，确定了“冬至”。于是，尧确定了一年为 366 天，并设置闰月，以使四时不会错位。

尧在位期间勤政爱民，百姓们安居乐业，部落的发展也越来越好。不知不觉，尧已经做了几十年的首领，身体也大不如从前了。于是，他决定找一个贤能的人接替自己，担起治理天下的重任。

尧

商量个事儿呗，我都一大把年纪了，管理部落有点力不从心了，我想找个接班人，安心退休，你们说说，谁能行啊？

放齐： 俗话说，肥水不流外人田，您的大儿子丹朱就不错。

尧： 丹朱是个问题青年，交给他，我不放心。

丹朱： 爹，什么是“问题青年”啊？

尧： 就是你这种爱问问题的青年。

谨兜： 管水利的共工，是个不错的人选！

尧： 共工老爱做表面文章，不能用，不能用。

尧在位时，洪水泛滥，淹没了大片土地，淹死了许多牲畜，老百姓叫苦连天。尧派鲧治水 9 年，但是没有什么效果，尧为此很头疼。

尧

接班人还没找着，新烦恼又来了。9 年前，我派水利工程师鲧去治理水患，结果水患没有治好，还给百姓带来了很多不便，我当年的决定，难道错了？

尧：唉，老了，不中用了，你们几个，赶紧去找接班人。

放齐：舜这个小伙子怎么样啊？听说是个大孝子。😊

尧：你们去调查一下，把他的事迹好好给我说一说。

洪水没治好，接班人问题更是让尧头疼不已，这时，有人向尧推荐了来自民间的舜。

舜的先祖是五帝之一的颛顼。虽然舜出生显赫，但是到了他这一代，家业已经衰败了。

舜的父亲瞽叟是个盲人，母亲很早就去世了。不久后，父亲又娶了一个妻子，生了一个儿子叫象。瞽叟只知道宠爱后妻和象，对舜不管不问，冷漠至极。

舜不仅要维持一家人的生计，还要忍受来自父亲的白眼，平时只要有一点点过错，就会遭到父亲严厉的惩罚。尽管如此，舜依然非常孝顺父亲和继母，疼爱弟弟象。

听了手下的推荐，尧对舜产生了浓厚的兴趣。

舜

大家好！我叫重华，是颛顼的后代。从小，父亲就要求我承担起长子的责任。15岁那年，母亲去世，爹爹娶了后妈。一年后，弟弟象也出生了。我得替父亲分忧，孝顺长辈，关心弟弟，谁让我是长子呢！

尧：以德报怨，人品不错啊！

象：爹，我想要哥哥的好东西。

瞽叟：@象 爸爸的象宝贝，我这就去找他要！

象：@瞽叟 你真是我的好爹爹！

为了进一步观察舜的德行，尧可是下了血本。他把自己的两个女儿娥皇、女英都嫁给了舜。走上人生巅峰的舜没有骄傲自大，反而带着两位夫人回到老家，教她们勤俭持家。两位夫人也没有因为自己出身高贵而怠慢舜的家人，赢得了很多人的夸赞。

舜管家的水平不错，管人的能力怎么样呢？尧又让自己的 9 个儿子跟随他，观察他处理外部事务的能力。舜在历山种田，历山的人不争不抢，相互谦让；舜在雷泽捕鱼，雷泽的渔民常会让出自己的房子给别人住；舜在黄河边制作陶器，那里的人都不卖次品。舜去哪里待上一年，哪里就聚集成为一个村落；两年之后，又变成了一个小镇；3 年之后，便形成了一个城市。

舜这么能干，尧很满意，便赐给他贵重的衣服、物品和一些牛羊，还为他修建了粮仓。舜家里的其他人，心里嫉妒的小火苗烧得那叫一个旺，于是他们便想方设法害舜。

尽管如此，舜依然恭敬地侍奉父亲，关爱弟弟。舜的种种事迹，受到了尧的赞赏，于是尧开始让舜帮自己打理部落事务。

全职小跟班

甲月

尧

舜啊，百官们因为公共事务忙得焦头烂额，你去帮他们处理一下！

舜

愿意为大王分忧。

乙月

尧

今天来访的使臣非常重要，你替我接待一下吧！

舜

我一定按照您的要求完成任务。

丙月

尧

我想看看这座山林能产多少树木，你替我视察一下吧！

舜

这里方圆 15 亩，有 500 棵果树，503 棵杨树。

尧

你竟然敢独自进入山林，还没有在林子里迷路，那里可有很多猛兽呢！

舜

暴风骤雨都算不上什么，山林猛兽更不能让我退缩。

尧

负责任，懂方法，行事周密，不错，不错！

从大家第一次推荐舜算起，时间一晃便过去了 20 年。有一天，尧告诉舜："你到各处走一走，看看哪里的自然灾害要防范，又有哪些自然资源可以利用！"

路上，舜遇到了一场罕见的特大暴风雨。大雨就像盆里的水一样哗啦啦地往下倒，眼前的山林变得模糊起来，给舜的行动带来了很大的阻碍。可舜毫不畏惧，勇往直前，最终顺利完成了自己的使命。

经过多次的考验，舜凭借自己的德行和才能赢得了百官和老百姓的赞誉，也获得了尧的认可。年迈的尧经过深思熟虑，决定让位给舜。

尧

舜不仅人品好，口碑爆棚，他的德行和能力也远超其他人，我决定了，把天子之位让给舜！

尧：@舜　传位给你，是为了天下人的幸福，如果传给丹朱，天下人就得受苦啊！

尧的儿子1：妹夫的德行跟能力都在我们之上，只有他能做这个天子啊！

放齐：众望所归啊！

尧：天意不可违！

舜：@尧　谢谢您的信任，我就顺天而为，暂时接下这个重担，替您老人家分忧。

舜接班后，非常重视人才的管理，对手下的大臣进行了明确分工，每 3 年会进行一次考核，通过三次考核来决定职务的升降。

舜

我兢兢业业几十年，深知领导的责任重大，因此，用人不能太儿戏，大家的业务能力要经得起时间的考验，所以，我们得从实践中选拔干部。听说治水的禹能力不错，我想听听他的事迹。

伯益： 禹能干，也知道感恩大自然，就连鸟兽都夸他。

后稷： 在我们治水小分队，我是开路先锋，可是好几次我去工地，他都已经干了半天活了，真是身先士卒啊。

皋陶： 禹管理有法度，以德服人。

后稷： 治理洪水的同时，禹还建议我教民众耕种，在他的带动下，当地老百姓的生活也变好了。

涂山氏： 禹是我丈夫，他一忙起来家都顾不上。好几次路过家门而不入，弄得孩子都不认识他了。😭

舜： 不错，不错，禹具有当领导人的能力啊！

要发展，先定规则

舜

天下在发展，我们的管理方法也得跟上，归根结底一句话，我们要用对的人来做对的事！请司命长公布最新的人事任命吧！

司命长

弃负责农业生产，教百姓耕种。
契负责教育，让百姓知礼仪，懂和睦。
皋陶当法官，负责全国的司法。
垂当总工程师。
禹继续治理水患。
伯益管理山川河流……

舜

大家知道自己的职责了吗?

大臣 1

首领威武，首领威武！

大臣 2

首领威武，首领威武！

尧

我可以退居二线，做个驴友巡游天下了。

官员们都各司其职，在自己的岗位上忙碌起来。就这样，舜把国家管理得井井有条。尧去世，舜守丧 3 年。之后，舜想要将天子之位让给尧的儿子丹朱，但天下人心都向着舜。最终，舜正式成为天子。舜晚年时，也学着尧的样子，没有把王位传给自己的儿子，而是传给了治水有功的禹。传贤不传子，这就叫禅让！

由于舜的德行和政绩都很好，他和黄帝、颛顼、帝喾、尧帝一起被人尊称为“五帝”。

经典原文

尧立七十年得舜，二十年而老，令舜摄行天子之政，荐之于天。尧辟位凡二十八年而崩。百姓悲哀，如丧父母。三年，四方莫举乐（yuè），以思尧。尧知子丹朱之不肖①，不足②授③天下，于是乃权④授舜。授舜，则天下得其利而丹朱病⑤；授丹朱，则天下病而丹朱得其利。尧曰“终⑥不以天下之病而利一人”，而卒⑦授舜以天下。

——《史记·五帝本纪》

译文 尧在位70年才通过巡访得到舜，又过了20年，尧因年老而让舜代行天子职务，并把他推荐给上天。尧让出帝位28年后逝世，百姓悲伤哀痛，如同死了生身父母一般。3年之内，四方各地没有人奏乐，为的是悼念帝尧。尧知道自己的儿子丹朱不贤，不能把天下传给他，因此才试着让位给舜。传位给舜，天下人都得到利益而只对丹朱一人不利；若传给丹朱，则天下人就会遭殃，只有丹朱一人得到好处。尧说：“我终究不能使天下人受害而只让一人得利。”所以最终还是把天下传给了舜。

注释：①不肖：不成才、不正派。②不足：不能。③授：给予。④权：用变通的方式。⑤病：损害、受损。⑥终：终究。⑦卒：最后。

历史小达人

中国早期的城市

“人猿相揖别”后，人类经过了漫长的石器时代，华夏先民的生活方式由采集、渔猎走向农耕。而随着农耕的发展，人们的生活安定下来，迫切地需要改造自然。于是，生活在黄河流域的尧、舜、禹三位部落联盟首领，先后带领华夏先民，担起了改造自然的重任。

在这个过程中，为了抵御外敌、防御洪水、防范野兽，先祖们开始修建城池。这些城的选址往往以地势高、靠近河流、环境较好为基本条件，如果存在天然的屏障就更好了。于是黄河、长江沿岸成了华夏先民的优选区域，如位于湖南常德的城头山遗址。中原地区最早的城市是距今约 5300 年的河南郑州西山古城。随着城市的不断涌现，文明之光开始渐渐点亮华夏大地。

尧和舜虽然是传说中的人物，但是，考古学家们发现了很多尧舜时期的部落遗址，揭开了当时人们生产生活的秘密。例如山西襄汾陶寺遗址、河南登封王城岗遗址、涂山禹会村遗址等。考古学家对这些遗址进行了深入研究，揭开了当时人们生产生活的秘密。其中，在陶寺遗址，人们发现了已知中国最早的天文观测台，这里很可能是尧舜时期都城的所在地。

禹

开创夏朝的治水英雄

姓名： 禹，姒姓，夏后氏，名文命

生卒年： 不详

职业： 夏朝开国君王

代表事迹： 治理水患，三过家门不入，划定九州，铸造九鼎

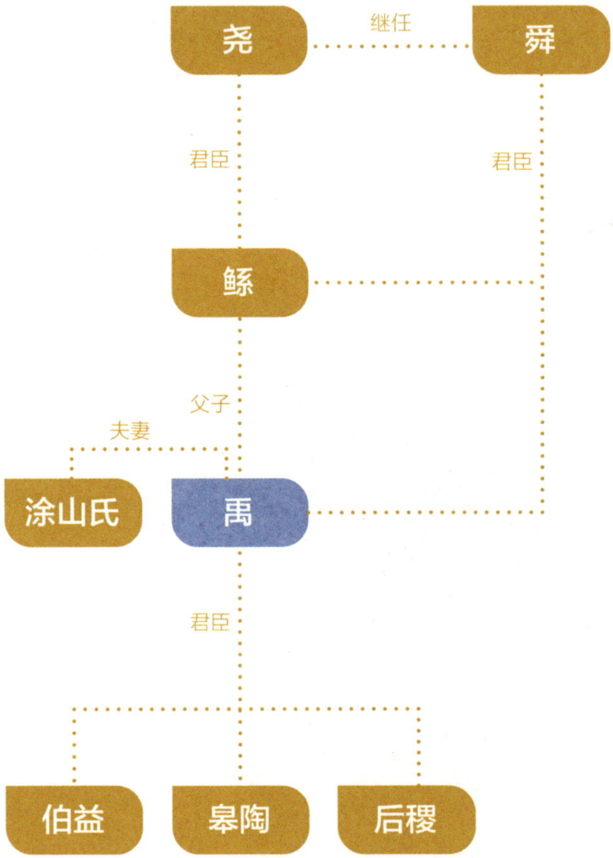
尧
继任
舜
君臣
君臣
鲧
父子
夫妻
涂山氏
禹
君臣
伯益
皋陶
后稷

司马迁

禹因治水有功，成了舜的接班人，他不仅开启了一个新的朝代，还是华夏版图最早的划定者。今天，就让我们去他的朋友圈，看看那段传奇的岁月里发生了什么事情吧！

鲧：没能治好洪水，我一直深感遗憾，天天跟孩子讲未完成的心愿，没想到水患真的被他治好了，我很欣慰！

禹：低调，低调，等下还得做报告！

涂山氏：@禹 孩子他爹，啥时回家啊？

司马迁：@涂山氏 男人爱拼才会赢，像我，写《史记》的时候经常三天三夜不睡觉呢！

子承父业

禹是黄帝的玄孙，颛顼的孙子，他的父亲鲧和曾祖父都没有称帝，而是天子的大臣。尧当政的时候，洪水泛滥，浊浪滔天，百姓不能安居，于是诸侯和群臣向正在头疼的尧推选了禹的父亲鲧。鲧治水 9 年，却以失败告终，受到了接班人舜的惩罚，死在了羽山。

鲧虽然受到了惩罚，但是洪水依旧，“谁可以胜任治水的工作呢？”舜又想到了鲧的儿子禹。于是，治水的重任落到了禹的身上。

禹

我刚结婚，就临危受命，要上岗去治理水患，事到如今只能加油干。要是干不好，怕是小命难保呀！

放齐： 是我们推荐的你哟！

讙兜： 舜帝很看好你，你不能辜负他啊！

禹： @放齐 我已立下军令状了……

舜： 好好干，完成你父亲的遗愿。

涂山氏： 虽然舍不得你走，但是为了整个部落联盟……

禹： @涂山氏 等我治水归来。

治水天团

禹

我带领着伯益、后稷两位帮手，正式上岗治水了。我终于体会到了父亲的难处，这活干起来可真不容易。昨天刚把这里堵上，今天就被冲开了，有时候都不知道这座山的边界在哪里，兜兜转转一大圈，结果又转了回来。

伯益： 头儿，我们可以通过砍伐树木来做标记，这样山脉的边界走势，不就能画出来了吗？

禹： @伯益 这个方法不错，至少不会迷路了。👍

后稷： 头儿，百姓贡献了一些工具，准能测定平面，绳能测定直线，规能画出或校正圆形，矩能画出或校正方形！

禹： @后稷 这样就能知道高山大河的分布和走向了。

涂山氏： @禹 老公，你辛苦了！👍

前两个月，禹认真地研究了父亲治水的方法，发现鲧是用围堵的策略来治水的。哪里有水就堵哪里，可是一旦水突然增多或者堤坝不够高，堤坝就很容易被冲开。禹心想，既然堵截不行，那就把水引到威胁不到人的地方去。

于是治水天团开始走访山川，四处测量，研究地形走势。禹带着大家按照地形挖渠，从一个地方挖到另一个地方，为那些不安分的洪水寻找出口。

三过家门而不入

禹治水，一干就是 13 年。这些年，禹兢兢业业，一心扑在治水事业上。好几次，禹路过自家门口，都没进去。

涂山氏

我老公出差 5 年，今天终于回来了，孩子拉着我问我那个胡子拉碴的人是谁，傻孩子，那是你爹爹啊！

禹： 我的儿啊，都这么高了。

涂山氏： 你这次回来，就多待几天吧。

禹： 只能待半天，工地上很多人还等着呢！不能耽误了治水。

涂山氏： 工作狂！不想回来就直说嘛！

伯益： 头儿一心治水，好几次都路过您家门口了，怎么劝也不进去。

孟子（战国思想家）： 三过家门而不入，真伟人啊！

禹

@ 所有人　公布两件事儿：一是以后阳春三月不许砍树，让草木都长一长；二是不准在河里下细网捕捞，让河里的鱼鳖也能长一长。

伯益： 号召兄弟们一起遵守禁令！保护河泽山林、虫鱼鸟兽，资源要省着点儿用！

禹： @ 伯益　绿水青山，才是大好河山！

百姓 1： 禹，你老婆喊你回家。

禹勤勤恳恳地治理水患，积攒了一批粉丝，他们为了感谢他，尊称他为“大禹”“禹神”，整个华夏大地也被称为“禹域”，表示这里曾经是大禹治理过的地方。

建立夏朝

借着治水之机，大禹把华夏大地分成了 9 块，即：冀、兖（yǎn）、青、徐、扬、豫、荆、梁、雍，就是所谓的九州。同时，为了更好地协助舜治理天下，大禹又制定了五服制度，就是根据地理距离评测全国的土地，并分出等级，各地诸侯再按照规定进贡纳税，承担对天子的义务。

禹

治水这些年，我走遍了华夏大地，发现每个地方的地形和物产都不一样，需要规划，嗯……加上这一条——各个地方的赋税标准也不能一样。

伯益： 禹兄，豫州离水源近，土地松软，很适合种植水稻。

禹： @ 伯益　老弟，你身上还有稻谷种子吗？分给这里的百姓一些，一起致富。

后稷： 冀州水资源不丰富，那里的百姓只能靠天吃饭。

禹： @ 后稷　水是百姓之本，能不能从旁边的州改河道过去？

后稷： @ 禹　好的，我这就去召集人手。

舜

禹用了 13 年，打通了所有水道，平息了水患，让天下归一，各个州之间也协调得很好，我要重重地赏赐他，大家说说赏他什么好呢？

皋陶：禹凡事都冲在前面，人品真的杠杠的。舜帝啊，接班人就得选他这样的。

舜：@ 皋陶　说到我心里了。正好前两天有人进贡了一块黑色的宝玉，赏给他吧。

禹：感谢大王的赞誉，完成了父亲的遗愿，我的心情很激动！

舜：@ 伯益　准备准备，下个月初一昭告天下，禹就是我的接班人。

涂山氏：一家人终于可以团聚啦！😁

禹治水成功，当上了首领，九州的人都来进贡当地的特产，禹命人熔了进贡来的青铜器，铸造了 9 个大鼎，还在每个大鼎上雕刻上代表这个州的山川野兽。九鼎因此成了国家统一昌盛的象征，成为传国之宝。

禹

常年在外治水，深知创业不易，如今能得到舜帝的肯定和众人的抬举，让我当天子，深感责任重大。天下初定，国家贫穷，我要带领大家奔小康。@伯益@皋陶二位兄弟，可得替哥哥多分忧啊。咱们兄弟齐心协力，把国家建设好。

皋陶： 一路跟着您治水，我早把您当偶像了。

禹： @皋陶　哪里哪里，都是众人抬举，皋陶小弟，你也进步飞快啊！

伯益： 嗯，众望所归，我们都要向您学习！

舜： 德行出众，能力不俗，是当领导的好手，比我儿子商均强。

启： 我也要跟爹爹多学学本领。

舜帝去世后，禹在众人的支持下，继承了天子之位，建立了国家，这就是中国历史上第一个王朝——夏朝。

经验交流会

舜

当领导最重要的是什么？

皋陶

能够团结大家。

禹

具体应该怎样做呢？

皋陶

对待百姓要宽厚，要会选贤任能。

禹

👍

舜

禹，你也来说说吧。

禹

得民心者得天下，治水时，我跟伯益给百姓稻谷和新捕杀的鸟兽，与后稷一起给老百姓分发食物。如果土地贫瘠，不宜种粮食，我们挖河道引水，想方设法改善当地的条件，让老百姓的日子都能好过起来。

经典原文

禹乃遂与益、后稷奉帝命，命诸侯百姓兴人徒以傅土[①]，行山表木[②]，定高山大川。禹伤先人父鲧功之不成受诛，乃劳身焦思，居外十三年，过家门不敢入。薄衣食，致孝于鬼神；卑宫室，致费于沟淢[③]。陆行乘车，水行乘船，泥行乘橇，山行乘檋[④]。左准绳，右规矩，载四时，以开九州，通九道，陂九泽[⑤]，度九山。

——《史记·夏本纪》

译文 禹于是和伯益、后稷一同遵从舜帝的命令，派诸侯和百官带领百姓治理洪水。他们根据山的走向砍伐树木作为标志，确定高山大川的治理规划。禹为父亲鲧治水失败被杀而感到悲伤，于是辛苦劳作，努力思考，在外13年，过家门而不入。禹的吃穿非常简朴，但是他以丰厚的祭品孝敬祖先和神灵。他在外居住简陋，对修筑河渠堤坝的开销毫不吝惜。他在平原乘车，在水路乘船，在沼泽乘橇，在山地坐滑竿。禹随身带着准绳和规矩，带着测定时令的仪器，用来开辟九州的土地，打通九州的水道，修筑九州的堤坝，测量九州的山岳。

注释：①傅土：整治水土。②表木：伐木作为标记。③淢（xù）：田间水道。④檋（jú）：一种类似于轿子或滑竿的代步工具。⑤陂九泽：修筑九州的堤坝。

历史小达人

何为“九州”

古代的中国被称为“九州”，这是因为天下曾经被划分为九州，其来源还得从远古时代的大禹治水说起。大禹因为治理水患有功，被天下人推举为部落联盟首领。他召集了天下诸侯到涂山会盟，为了管理方便，他把天下分为冀州、豫州、青州、徐州、扬州、荆州、梁州、雍州、兖州这九个州。九州最北到达燕山山脉、渤海湾和辽东，向南到达南海，向西到达甘肃，向东到达东海。同时，大禹还铸造了九鼎，九鼎与九州相对应，代表了整个天下。后世的朝代都以得到九鼎为得到天下的象征。

夏朝建立于约公元前2070年，结束于约公元前1600年，是中国历史上第一个奴隶制王朝。夏朝的王族以国为氏，称夏后氏，这里的“后”可不是王后的意思，而是指君王，夏后其实是夏王，夏朝的多位君王会在称呼前加上“后”字。目前考古学家们已经发现了很多关于夏朝的证据，正在逐步揭开它的神秘面纱。

启

天下是我家的

姓名： 姒姓，夏后氏，名启，又称夏启、帝启、夏后启等

生卒年： 不详

职业： 夏朝第二任君王

代表事迹： 确立世袭制，开创家天下

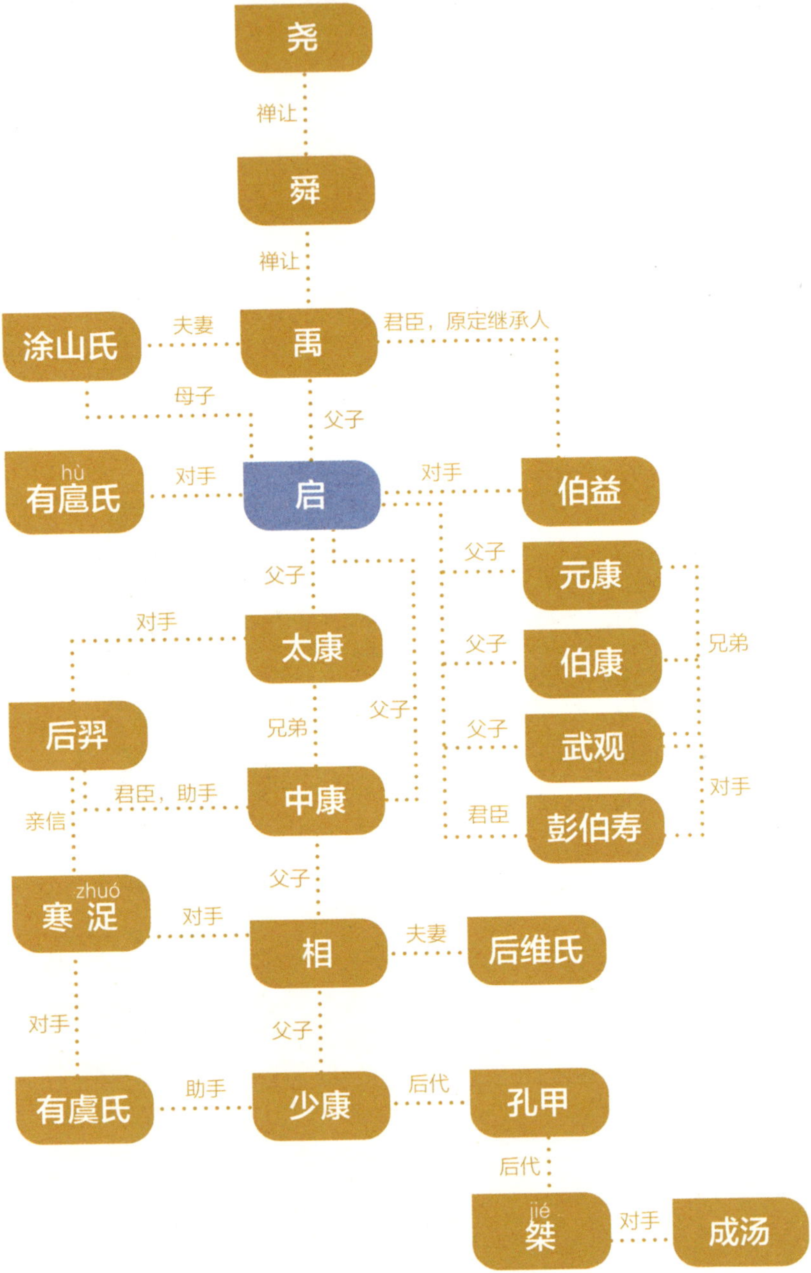
尧
禅让
舜
禅让
涂山氏
夫妻
禹
君臣，原定继承人
母子
父子
hù
有扈氏
对手
启
对手
伯益
父子
元康
父子
对手
太康
父子
伯康
兄弟
后羿
兄弟
父子
父子
武观
对手
君臣，助手
中康
君臣
彭伯寿
亲信
父子
zhuó
寒浞
对手
相
夫妻
后维氏
对手
父子
有虞氏
助手
少康
后代
孔甲
后代
jié
桀
对手
成汤

司马迁

今天说的这个人物，他开创了一个新的时代——“家天下”。人们对他褒贬不一，有人说他巩固了政权，是个能干的天子；也有人说他整天花天酒地，不知道节俭，志向不如他父亲禹。他就是启，一位不一样的天子。

涂山氏：我的儿子启在部落中很得民心，也有威望，接他爸的班，这不是正好吗？

司马迁：@涂山氏 话虽如此，但毕竟不合传统啊！

启：何必遮遮掩掩，我就要“家天下”。

舜：@启 小伙子挺猛啊！

禹：@舜 无颜见先王啊！

启

从小就听说我有个做大事的父亲，没错，是“听说”！他就是那个天天治水，三过家门而不入的禹。在我13岁之前，他一直出差治水，面都没见几次，更别指望他管我和管家了。房子漏雨，找不到他；种庄稼时，找不到他；开家长会时，也找不到他。

涂山氏： 家里没个男人真不行，庆幸儿子能帮忙了。

启： 母亲放心，我会保护您的。

禹： 注意安全，儿子！

启： @禹　您不在，母亲只能靠我了，上次我在后山见到您了，叫您您都不理我。

禹建立了夏朝，一年比一年苍老，按照惯例，又到了选接班人的时候了。掌管刑法的皋陶处理政事贤能公正，大家都推荐他来做接班人，禹也觉得他十分合适。可是皋陶还没等到继位，就生病去世了。没办法，禹只好又召集大臣们开会，经过几番商议，大家又推举治水天团里的伯益来做大禹的接班人，但有人对此不满意。

伯益在治理山川湖泊、管理鸟兽期间，秉公执法，在不少百姓心中很有威望，于是，禹便顺从民意，选了伯益。但是，禹的儿子启对天子之位早已虎视眈眈。

虽然同意让伯益接班，但禹也没忘了自己的儿子启，他让启参与政事，治理国家。“虎父无犬子”，启也确实有两把刷子，各项工作都做得很好。很快，启的身边聚集了一批粉丝，在百姓心目中的声望也直线上升，最后人气竟然超过了伯益。

因为启很早就参与了政事，所以工作能力得到了很好的锻炼，他在生活上更是严于律己、勤俭节约，能够选用贤臣、任用良将，也不纵情声乐、奢侈浪费。功夫不负有心人，慢慢地，大家都淡忘了伯益的政绩，转而去拥护启。

虽然伯益的威望后来急速下降，但是他毕竟是禹认可的合法接班人。禹过世之后，伯益和启大打出手，早有准备且有广泛支持的启获得了最终的胜利。从此以后，世袭的“家天下”，取代了选贤任能的“禅让制”。

启

我是夏王的儿子，理当继承王位，我以后也要把王位传给我的儿子。夏朝永远都是我家的。

太康： 父王威武！

伯康： 我们要向父王学习。

武观： 哥哥们都没我帅，父亲说我最像他了，我觉得，父亲以后一定会把王位传给我。

元康： 武观，你最小，要让着哥哥们。

中康： 就是就是，武观你别捣乱了！

武观： 为什么？你们不讲道理！

吹响战斗的号角

启当上夏王以后，在钧台设宴款待各部落首领，希望自己“夏朝君王”的身份能够得到大家的承认和肯定，可是偏偏有不服气的，其中的代表就是有扈氏。

启被有扈氏气得火冒三丈，便召集军队要去讨伐这个不听话的部落，想给他们点儿颜色看看。

启

全体将士们，有扈氏对天地祖宗不敬，对大臣傲慢无理，老天都看不过眼。现在，我们要替天行道，去把他们打服了。“狭路相逢勇者胜”，谁勇猛杀敌，那升职加薪肯定少不了，不服从命令的，就要受到惩罚，是变成奴隶被杀掉，还是享受荣华富贵，你们自己看着办吧！

启： 废话少说，明天开战！

有扈氏： 我们人多，还能怕你，等着我取代你！

启： @ 有扈氏 我长这么大，第一次见组团送人头的。

启的士兵甲： 为了升职加薪，冲啊！

司马迁： 哇，历史上第一篇战斗檄文，王者的宣言！

双方在甘这个地方大战了几个回合后，启最终消灭了有扈氏。从此，再也没有人敢出声反对了，夏启的统治逐渐地稳定了下来。

不省心的子孙

开创了盛世伟业的启到了晚年，已经没有了年轻时的雄心壮志，生活逐渐腐化，变得骄奢淫逸，沉迷酒肉美色，王朝内部也是危机重重。

启

生活好了，我也老了，妃子们总劝我该吃吃，该喝喝，我想了想，确实应该享受一下。没事作个曲，编个舞，实在不行，再弄个大胃王比赛，毕竟，咱有这个实力跟魄力嘛！

武观：父王，您老人家不理朝政，哥哥们也都不干正事儿了。😞

启：我都辛苦大半辈子了，该放松一下了。

太康：父王，儿臣编了支新舞蹈，您看看。😍

启：武观，你来跳，父王很看好你。

武观：好，我听父王的，父王是我的榜样啊。

启有5个儿子，长子太康、次子元康、三子伯康、四子中康、五子武观。启靠武力获取王位，他的儿子们从小耳濡目染，各自的身边又聚集了一帮大臣出谋划策，都对王位虎视眈眈。

启的小儿子武观长相英俊、文武双全，和各个部落的关系都很融洽。武观认为王位就应该是自己的，于是他迫不及待地拉开了争夺王位的大幕。

武观先开展了舆论攻势，通过各种方式散播哥哥们的坏话。但是，城府极深的启没那么好糊弄，他和武观大吵了一架，把他流放到外地去了。

武观很不甘心，暗中积蓄力量。终于在启十五年，做好一切准备的武观，发动了武装叛乱。战争持续了3年，元康和伯康均在战争中被杀。后来启命令彭伯寿迎战，彭伯寿没有硬攻，而是先断了叛军的粮草，最终大败武观。武观再次被启流放到了东部海滨的荒野之地，这场内乱才算平息。

“武观之乱”是历史上第一场夺嫡大战，经过几年的战乱，夏王朝的第一个鼎盛期走向了衰落。

夺位大战之后，启的长子太康继承了王位。他不理政事，整日游玩、打猎。一次，太康外出打猎好几个月，朝中无主，夷族部落的首领后羿得知消息后，乘机起兵占领了都城斟鄩（zhēn xún），抓住太康并将其流放到了戈地，自己独揽大权。

太康郁郁而终，大权在握的后羿没有着急上位，而是让太康的弟弟中康继位，自己去做中康的助手。但没过多久，后羿便不再满足于夏王助手这个身份了。等到中康一死，他便赶走了中康的儿子相，自己当了夏王。

继位后的后羿并没有吸取教训，他把国家政事交给亲信寒浞，自己带着手下去狩猎了。心怀鬼胎的寒浞借机夺取了王位，派人到处追杀中康的儿子相。相虽然死了，但他的妻子后缗氏已怀有身孕，逃回娘家后，生下了少康。

少康从小跟着外祖父学了一身本领。寒浞得知少康还活着，便派兵追杀。为了避难，少康逃到了舜帝的后代有虞氏的封地。有虞氏的首领见少康本领高强，就把自己的女儿嫁给了他。在有虞氏的帮助下，少康联合夏朝的忠臣，最终打败了寒浞。

就这样，国家再次回到夏禹的子孙手里。不同于前任的荒淫，历经坎坷的少康勤于政治，在位 21 年，社会安定，百姓安居，夏朝再度兴盛起来。历史上称之为“少康中兴”。

不过，好景不长，少康的后继者中再也没有出现什么杰出的人才。最终，夏朝在暴君鼻祖夏桀的手里走向了灭亡，中国历史上第一个王朝落幕。

夏朝帝王齐相会

夏启

虎父无犬子，看看我管理的大夏朝怎么样！

禹

夏王不是伯益吗？儿子你怎么继承王位了？

夏启

爹，伯益平平无奇，国家被他管理了几年，没啥起色，于是我就取而代之，从此天下就是咱家的了。

太康

我爹就是我的榜样，他爱好音乐，我就天天作曲。

后羿

结果你不理朝政，昏庸误国。要不，我也不会替你管理朝政 40 年。

太康

是你趁我打猎时搞偷袭！

后羿

成王败寇，哈哈！

少康

还好我知耻而后勇，重新夺回了江山。夏朝起死回生了。

孔甲

不好意思，我来晚了，刚才求雨去了。歌舞美酒夜夜欢，求得雨神来助威……

夏启

不肖子孙，这样咱们夏朝不就完了吗？

桀

不好意思，咱家让我给败没了。

经典原文

有扈氏①不服，启伐②之，大战于甘。将战③，作《甘誓》，乃召六卿申之。启曰："嗟！六事之人④，予誓告女：有扈氏威侮五行⑤，怠弃⑥三正，天用剿绝其命。今予维共行天之罚。左不攻于左，右不攻于右，女不共命。御非其马之政，女不共命。用命，赏于祖；不用命，僇于社⑦，予则帑僇女。"遂灭有扈氏。天下咸朝⑧。

——《史记·夏本纪》

译文 启继承王位后，有扈氏不来归顺，启发兵征伐，在甘这个地方大战有扈氏。战斗开始之前，启作了一篇叫作《甘誓》的檄文，召来六军将领进行训诫。启说："啊！六军的全体将士，我以誓词告诫你们：有扈氏蔑视仁、义、礼、智、信五常的规范，背离天、地、人的正道，因此上天要断绝他。如今我恭敬地执行上天的命令，对他进行惩罚。战车左边的射手不从左边射击敌人，车右的剑手不从右边击杀敌人，就是不服从命令。赶车的士兵如果没有完成好赶车的任务，也是不服从命令。听从命令的，我将在祖先神灵面前奖赏他；不听从命令的，就在社神面前杀掉他，而且要把他们的妻子儿女降为奴隶。"于是，启消灭了有扈氏，天下都来朝拜夏。

注释：①有扈氏：古部落名，姒姓。②伐：讨伐。③将战：战斗开始之前。④六事之人：六军的全体将士。⑤威侮五行：蔑视仁、义、礼、智、信五常的规范。⑥怠弃：怠慢、抛弃。意思是背离正道。⑦僇（lù）于社：就在神面前杀死他。⑧咸朝：都来朝拜。

历史小达人

古老的夏历

相传，在夏朝就有历法了，这是中国最早的历法——夏历。夏朝时，人们用木制的耒耜翻土播种，用石刀、蚌镰收割庄稼，还发明了水利灌溉技术。人们在长年的农业生产中，观察天象，发现了月亮运行的周期规律，进而总结出了夏历。人们用夏历来解决农业生产上的问题，所以夏历又称农历。人们依据月亮运行的规律来确定月份，将一年分为十二个月。中国传统的干支纪年纪日法也起源于夏朝。夏朝末期的帝王孔甲、胤甲、履癸（桀）等，都用天干（甲、乙、丙、丁、戊、己、庚、辛、壬、癸）为名，说明当时用天干作为序数已较为普遍了。

太史公说

考古发现，河南王城岗遗址和二里头遗址，很可能是夏朝不同时期的都城所在地。王城岗遗址的时代为公元前 2050 年—公元前 1994 年，考古学家在这里发现了明显的城池和夯土建筑遗迹，属于龙山文化晚期遗迹。二里头遗址距今 3500 ~ 3800 年，这里发现了大型宫殿的遗迹，让其作为王朝都城的形象更加清晰，而且在宫殿遗迹的周围，还发现了宫城的痕迹，可见这里当年已经是一座建设非常完备的都城了。

武丁

复兴商朝的男人

姓名：姓子，名昭，号武丁

生卒年：？—公元前 1192 年

职业：商朝君王

代表事迹：武丁中兴，复兴商朝

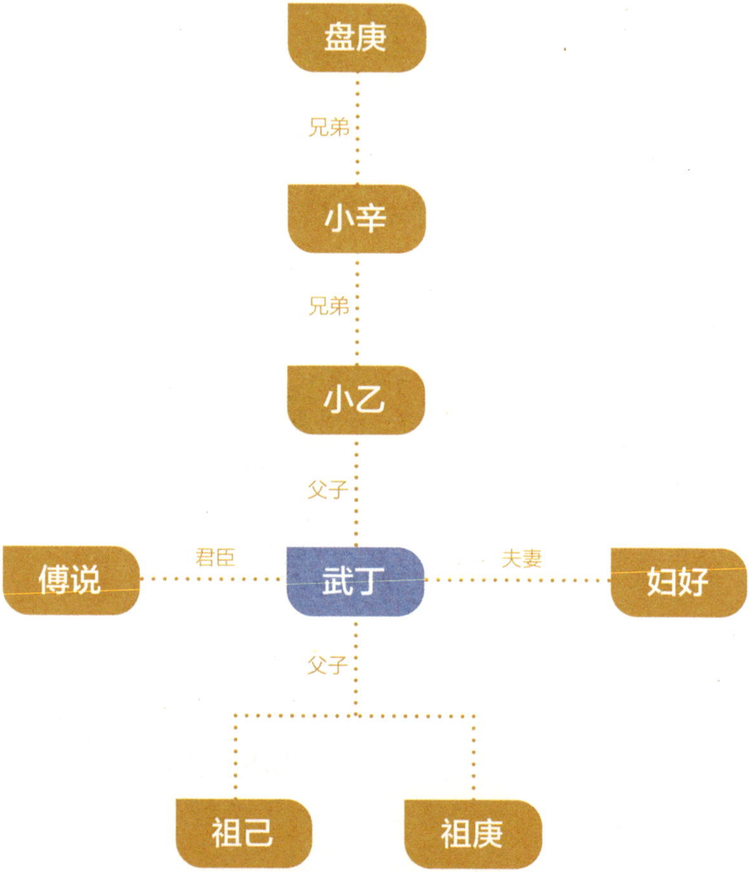
盘庚
兄弟
小辛
兄弟
小乙
父子
傅说
君臣
武丁
夫妻
妇好
父子
祖己
祖庚

司马迁

他出身王族，但虚心好学，与平民打成一片。他年少时下基层，跟百姓一起劳作，其间还发现了出身低微的人才——傅说。他凡事亲力亲为，有人说他亲民，也有人说他没能力，只知道靠女人。他就是商朝第23代君王——武丁。

武丁：低调低调，别羡慕哥，哥只是传说。

妇好：夫君值得夸赞，哪怕全世界人都不相信你，我都相信你。

傅说：要不是大王的“小心机”，我现在还在搬石头。

商朝部落首领契是舜帝的大臣，因辅佐大禹治水有功，受封于商地，故而得名。夏朝最后一个君王夏桀，贪图享乐，专制暴虐，百姓们生活在水深火热之中。而此时，商部落的首领商汤不仅待人宽厚，还能虚心接受下属的建议，因此贤良的官吏们纷纷投靠了商汤。得到拥戴的商汤，在公元前 1600 年率领各方联军推翻了夏王朝的统治，建立起中国历史上的第二个王朝——商朝。

商朝最早的国都在亳（今河南商丘）。在此后数百年中，由于频繁发生内乱和水灾，国家也多次迁都，十分不太平。后来，商朝第 20 代君王盘庚，将国都迁到了殷（今河南安阳），从此政局稳定，诸侯来朝，商朝逐渐强盛起来。

武丁的父亲小乙是盘庚的弟弟，小乙十分重视子女的教育，他把自己的儿子武丁扔到了民间，跟百姓一起劳作，了解百姓的疾苦和耕种的不易。

小乙

大家好，我就是武丁的老爸，虽然我的名字起得有点草率，但我的确是因迁都而大名鼎鼎的盘庚他弟。人们都说每个优秀的孩子身后，肯定有个出色的老爸。商朝一共有 31 任商王，最厉害的肯定是我的儿子。这就要说到我对他的教育了，为了磨炼武丁的意志，在他刚刚懂事时，我就把他放到了民间，让他早早地体会百姓的疾苦。

武丁：别的王子从小锦衣玉食，而我年纪轻轻就要隐姓埋名，到工地里搬石头。

小乙：等你回来后，就会理解父亲的一片苦心了。

小乙：@ 工地老板 让他干最累的活，吃最差的饭。

工地老板：我们都担心王子受不了这个罪。

小乙：吃不了搬砖的苦，怎么去吃当王的苦。

小乙：@ 武丁 儿啊，要多看少说，在基层多学习多锻炼。

不拘一格选人才

武丁即位后，一心想要重振朝纲，开创盛世，奈何当时商朝内忧外患，又无人可用。于是，在即位后的 3 年时间里，他没有发表过任何见解，朝中大小事都交给手下负责。大臣们看在眼里，急在嘴上，天天在朝堂上争吵。

突然一天，武丁对着大臣们说：“我昨天做了个奇怪的梦。梦中神仙给我推荐了一个能帮我们振兴大商的能人。”武丁说着扔过来一张画像，画像上的人胡须花白，但眼睛炯炯有神，大臣们还没有反应过来，武丁又说：“神仙还跟我说，此人在西边。”

王命不可违，于是，大臣们拿着画像，往西找去，没想到，他们真在傅险（今山西平陆东）那里找到了一个跟画像上一模一样的人，但他是个奴隶，名叫傅说。大臣们都抱着看笑话的心态，把傅说带进宫中，没想到武丁与傅说相谈甚欢，最后，还将傅说封为宰相。

武丁

想要做大事，奈何团队不给力，只能找外援。这个傅说是我在民间搬砖时认识的，他很有才华，可惜出身低微，当时我也不能表明自己的身份。坐上王位后，我就一直在琢磨着如何把他招进来。

妇好： 您是王，直接让他过来就好了。

武丁： @ 妇好 傅说出身低微，直接招进来，会遭到大家反对的，未来的工作也不好开展。所以，我想出了这个主意。

妇好： 这样一来，大臣们就能忽略傅说的身份了。

大臣： 大王下了好大一盘棋啊！

韩愈（唐朝文学家）： 千里马常有，而伯乐不常有。👍

傅说： @ 韩愈（唐朝文学家） 虽然不知道你是谁，但这句话真说到我的心里了！

战神贤内助

在傅说的用心辅佐下，武丁发奋图强，商朝国力也日渐强盛起来，内心不安分的武丁开始对外扩张。武丁在位期间，单挑了 81 个国家，他这么硬气的原因，在于他有一个能征善战的老婆——妇好。

这妇好到底有多好？她是武丁的王后，是国家的祭司，更是战功赫赫的女将军，是中国有文字记载以来的第一位女英雄。

一年夏天，北方外敌入侵，边境守将久久不能获胜，武丁很是头疼，妇好主动请缨，焦头烂额的武丁同意了妇好的请求。

妇好也不负所托，一举击退敌军，从此妇好变身为商朝军事统帅，率领大军东征西讨，和武丁紧密配合，攻打了 20 多个小国，将版图扩大了数倍，作为奖赏，武丁赐给妇好大片的封地，并委以重任，让她协助处理政务。

有了傅说和妇好一文一武的辅佐，在位 59 年的武丁让衰落的商朝焕发出新的生机，开创了史称“武丁中兴”的盛世。

成功离不开好助手

武丁

要想成事，得有人才，咱大商朝幸亏有了傅说。

傅说

为了不辜负您的期待，我的头都愁秃了。

妇好

哼，我还给你打下了半壁江山呢！

武丁

又能当王后，又能当将军，这样的女人谁不爱呀！

妇好

每天要打两份工，累死了。

武丁

送你一件定情信物，妇好甲骨文。

小乙

儿啊，别光感谢你媳妇，你还得感谢你爹我给了你一个发展的舞台。

盘庚

还有你伯父我的迁都之举。

武丁

有那么多优秀的人助力，我们大商朝一定会赢赢赢。

孔子（春秋思想家）

赞！

孟子（战国思想家）

赞！

经典原文

帝阳甲崩，弟盘庚立，是为帝盘庚。帝盘庚之时，殷已都河北，盘庚渡河南①，复居成汤之故居，乃五迁，无定处。殷民咨胥皆怨②，不欲徙。盘庚乃告谕诸侯大臣曰："昔高后成汤与尔之先祖俱定天下，法则可修③。舍而弗勉，何以成德！"乃遂涉河南，治亳，行汤之政，然后百姓由宁，殷道复兴。诸侯来朝，以其遵成汤之德也。

——《史记·殷本纪》

译文 阳甲帝逝世后，他的弟弟盘庚继位，就是盘庚帝。盘庚执政时，殷朝定都在黄河以北的奄地。盘庚渡过黄河，到黄河以南成汤的故居亳定都。至此，这已经是第五次迁都了，此前一直没有固定国都。殷朝的民众一个个都叹息埋怨，不愿再次迁徙。盘庚就告谕诸侯和大臣说："当年伟大的先王成汤和你们的祖辈们一起平定天下，他们的法度和准则应该遵守。如果我们舍弃而不努力奋斗，那怎么能够成就德业呢？"于是才渡过黄河来到南岸，修缮城池，遵行并施行成汤的政令。此后百姓们生活安定，商朝的国势又一次兴盛起来，诸侯也纷纷前来朝见了，这是因为盘庚遵循了成汤德政的缘故。

注释：①渡河南：渡过黄河，迁到黄河以南。② 咨胥（xū）皆怨：都发出叹息、埋怨。咨，叹息。胥，皆，都。③修：遵循。

历史小达人

刻在龟甲、兽骨上的文字——甲骨文

1899 年，有个叫王懿（yì）荣的学者生病了，医生给他开了一味叫“龙骨”的药材，他无意间发现那些药材上面有着许多奇异的纹路。经过研究，他认为这些龙骨是年代久远的龟甲、兽骨，那些纹路就是古老的文字。到了 1928 年，我国先后挖掘出龟甲和兽骨达十多万片，经过数代考古学家多年的钻研考证，这些文字背后隐藏的历史渐渐明晰。商朝的统治阶级十分迷信鬼神，他们在祭祀、打猎、出征，甚至王后生孩子的时候，都要用龟甲和兽骨来占卜一下，看是吉利还是不吉利。这些龟甲和兽骨上的文字很多都是他们占卜时写下的卜辞，因为这些文字都刻在龟甲和兽骨上，就把它叫作“甲骨文”（也称为“契文”或者“甲骨卜辞”）。现在我们使用的汉字就是从甲骨文一步步演变过来的。可以说，甲骨文作为中国已知最早的成熟文字系统，是汉字的源头。正因为有了它，我们今天才得以窥见数千年前的精彩历史。

商朝后期的都城的遗址被称为“殷墟”，位于今天的河南省安阳市，公元前14世纪，盘庚迁都于此。清朝末年，人们就是在这里发现了大量甲骨文。1928年起，遗址开始发掘，经过几十年的努力，发现了大量宫殿、陵墓、祭祀建筑、平民住宅、手工业作坊等遗迹，出土了很多重要文物。2021年，河南安阳殷墟（含洹北商城、后冈遗址）入选“百年百大考古发现”。

周文王 周武王

改朝换代的两代人

姓名：姓姬，名昌，史称“周文王”

生卒年：约公元前 1152 年—公元前 1056 年

职业：原为西伯侯，后被尊称为周文王

代表事迹：劝谏商纣王，发现姜子牙

姓名：姓姬，名发，史称“周武王”

生卒年：不详

职业：周朝开国君王

代表事迹：灭商建周，推行分封制、宗法制和井田制

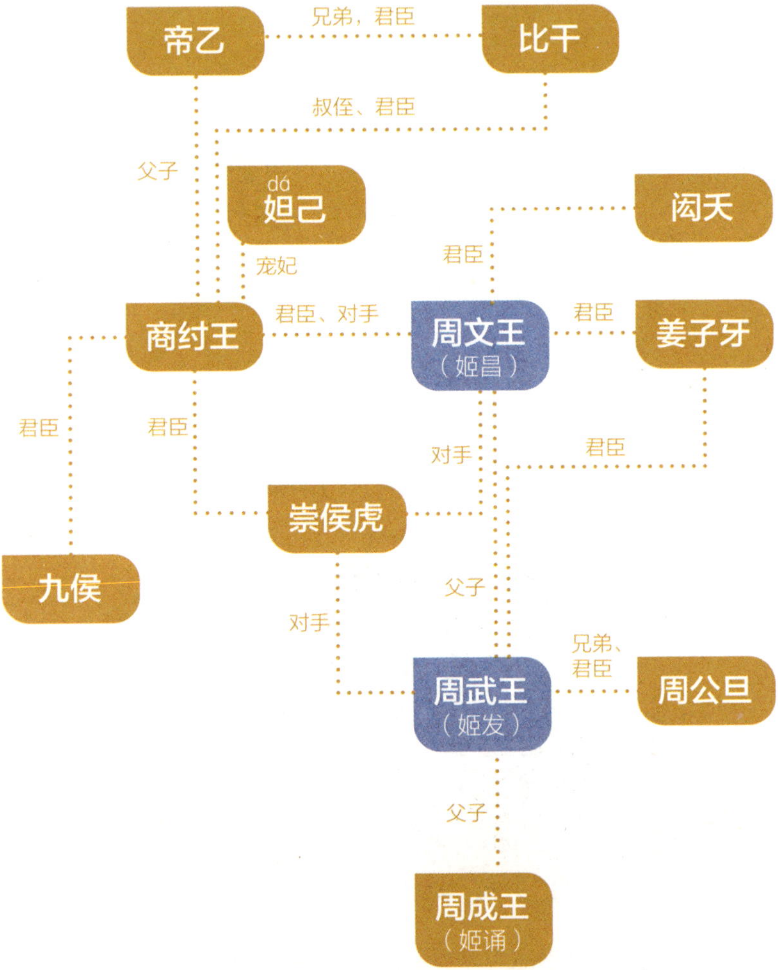
帝乙
兄弟，君臣
比干
叔侄、君臣
父子
dá
妲己
宠妃
闳夭
君臣
商纣王
君臣、对手
周文王
（姬昌）
君臣
姜子牙
君臣
君臣
对手
君臣
崇侯虎
九侯
父子
对手
兄弟、
君臣
周武王
（姬发）
周公旦
父子
周成王
（姬诵）

司马迁

几乎每一个朝代都会有明君，也都会有昏君。夏朝有明君禹，商朝有明君商汤；夏朝有昏君夏桀，商朝有昏君商纣王。倒行逆施总会激起反抗，今天要说的父子二人，他们面对商纣王的暴政，历经两代人的努力，开创了新的朝代——周朝。他们就是周文王和周武王。

禹：太史公谬赞了。

商汤：我也是替天行道。

夏桀：我只是脾气差了点儿。

商纣王：我只是爱喝喝酒，吃吃肉而已！

周武王：@ 商纣王 不是我犯上作乱，是你作恶多端啊！

司马迁：果然，历史总是惊人的相似！

总有一天我会回来的

纣王是商朝最后一位统治者，也是一位无恶不作的君王，他的父亲帝乙去世之后，他登上了天子之位，商朝的噩梦便由此开始了。

纣王天资聪颖，口才很好，行动敏捷，学习能力强，还是个大力士，能徒手与猛兽搏斗。只是他的这些优点都没有用在好好治理国家上，而是用在对付大臣以及享乐上了。

纣王喜欢饮酒作乐，于是他增加百姓的赋税，大兴土木，扩建园林和楼台，把酒灌满池子，形成了“酒池”，把肉悬吊起来，形成了“肉林”，和宠妃妲己在里面整日饮酒，吃喝玩乐到天明。

九侯有个女儿被献给了纣王，她不喜欢寻欢作乐，纣王便杀了她，还把九侯剁成了肉酱。鄂侯看不下去了，极力劝谏，结果被纣王做成了肉干。西伯侯姬昌听说了这件事，叹了一口气，没承想也被纣王给囚禁了起来。

姬昌

九侯因为女儿反对纣王，被剁成肉酱；鄂侯因为替九侯求情，结果被做成了肉干。我听说后，深感悲愤，叹了口气，结果被崇侯虎知道了，他诬陷我以仁义之名，意图篡位。大王听信谣言，将我囚禁在羑（yǒu）里整整 7 年。

姬昌：大王，我是被栽赃的啊。

崇侯虎：@ 商纣王 大王，他在狡辩！

商纣王：不管怎么说，你都不该叹气……

闳夭：@ 姬昌 西伯侯，你看纣王对九侯、鄂侯这样，你还认不清现实吗？我得赶紧想个法子救你出去。

姬发：@ 姬昌 父亲，您一向尽职尽责，因为叹了口气就被囚禁，这也太不讲理了。

姬昌：@ 姬发 发儿，毕竟他现在还是大王，我们是商朝的臣子，还不能撕破脸皮。

古怪的钓鱼老头

姬昌被囚禁之后，他身边的大臣闳夭，找来了好马和财宝献给纣王，向纣王求情，纣王这才释放了姬昌，赐给他弓箭和大斧，让他代替自己征伐其他不听话的诸侯。这样一来，姬昌就自然而然地成了西部地区的诸侯长。

之后的 4 年中，姬昌陆续击败了犬戎、密须、耆（qí）国等国。姬昌以德服人，让许多诸侯归顺了自己。第 5 年，姬昌讨伐崇侯虎，建立了丰邑，还把周的都城迁到了那里。

姬昌的势力越来越强，纣王的臣子祖伊因此忧心忡忡，跑去劝谏纣王。纣王十分生气，根本不听，依然刚愎自用，远离贤臣，任用奸臣。而西伯侯却求贤若渴，不久，他遇到了贤者姜子牙，委任他为辅佐大臣。

在贤臣良将的辅佐下，姬昌的势力迅速发展壮大，但是没过几年，姬昌去世了，他的儿子姬发即位，就是后来的周武王。他尊自己的父亲姬昌为周文王。

周武王

父亲去世前，一再叮嘱我继续他的事业。他让我尊姜子牙为老师，还让我弟弟周公旦辅佐我。

今天，我在盟津这个地方阅兵，来了 800 诸侯，都劝我起兵。灭商大业势在必行，可是现在时机并不成熟，伐纣是个大事情，一定要做好所有的准备才行。

诸侯甲： 纣王太残暴了。我一天都不想忍了。

诸侯乙： 就是，就是！

周武王： 我们渡过黄河后，有一团红色的火球从天而降，最终变成了乌鸦，还发出巨大的声响，这可不是什么好的兆头。

姜子牙： 咱们最好先退回去，继续积蓄力量，等待更好的时机。

时机终于到了

周武王回去后的两年里，不断派人打探纣王的情况。他听从大臣的建议，扩充军力积极备战。纣王这边呢，依然昏庸无道，甚至变得更加暴虐了。

纣王的叔父比干看不下去了，担心商朝的江山毁在他手里，于是屡屡劝谏，这反而惹恼了纣王。

丧心病狂的纣王命人挖了比干的心，这把纣王的另一位叔父箕（jī）子给吓坏了，箕子于是成天装疯卖傻，纣王便把他囚禁了起来。纣王胡作非为，让商朝上下分崩离析，怨声载道。

周武王

@ 所有人，纣王狂妄自大，听信奸人的谗言，残害忠臣，疏远家族兄弟，国家上下动荡不安。我要替天行道，我们要反了！再也不会有第二次机会了！

周武王： 天赐良机，众将不可懈怠。

姜子牙： 各将士听令，集合你们的部下，带上你们的船只，迟到者斩首。

将军甲： 威武，威武！

将军乙： 威武，威武！

得民心者得天下

周武王带着 300 辆战车、3000 名勇士、45000 名带甲的武士，一路向东讨伐纣王，在商都郊外的牧野举行了誓师大会。

纣王听说周武王攻打过来了，便发兵 70 万前去抵抗。商军虽然人多，但大家早就受够了纣王的暴政，竟然临阵倒戈，为周武王开路。

穷途末路的纣王逃到鹿台，命人把宫里的金银珠宝全部搬过来，自己穿上珠宝玉衣，自焚而亡。商朝灭亡，一个新的王朝——周朝建立了。

排排坐，分果果

周武王

欢迎大家来参加表彰大会。我们能取得这次伐纣的胜利，要感谢各位的努力，团结就是力量。

商纣王

要不是我听信妲己的话，杀了那么多亲信，你们能成功吗？

妲己

@纣王 不是说你负责挣钱养家，我负责貌美如花吗？这锅我可不想背。

商纣王

成王败寇，我啥也不说了。

周武王

在这里，我还要感谢我的参谋长姜子牙和我的弟弟周公旦。

姜子牙

建国难，守国更难。

周成王

@周武王 父亲，那些前朝旧臣，欺负我是个孩童，总来搞事情。

姜子牙

还好周公旦软硬兼施，稳住了政局，实行了分封制。

周文王

啥是分封制？

司马迁

请看后面的“历史小达人”，我给各位科普一下。

经典原文

纣愈淫乱不止。微子数①谏不听，乃与大师、少师②谋③，遂去④。比干曰："为人臣者，不得不以死争⑤。"乃强谏⑥纣。纣怒曰："吾闻⑦圣人心有七窍⑧。"剖比干，观其心。箕子惧，乃详狂⑨为奴，纣又囚之。殷之大师、少师乃持其祭乐器⑩奔周。周武王于是遂率诸侯伐纣。纣亦发兵距之牧野。甲子日，纣兵败。纣走入登鹿台，衣其宝玉衣，赴火而死。

——《史记·殷本纪》

译文 纣王更加淫乱没有克制。微子屡次劝谏，纣王都不听，微子就和太师、少师谋议，离开了商。比干说："作为臣子，不能不冒死劝谏。"于是极力劝谏纣王。纣王大怒，说："我听说圣人的心有七个孔。"于是剖开比干的胸膛，挖出他的心来看。箕子很害怕，就假装疯癫去做了奴隶。纣王又把箕子囚禁起来。殷国的太师、少师就拿着祭器、乐器，急忙奔逃到周国。周武王于是率领诸侯讨伐纣王。纣王也派出军队在牧野进行抵抗。甲子那一天，纣王的军队被打败，纣王逃跑进城，登上鹿台，穿上他的珠宝玉衣，自焚而死。

注释：①数：屡次。②大师、少师：都是商朝的乐官。大师也作"太师"。③谋：商量。④去：离去。⑤争：规劝。⑥强谏：强烈地劝谏。⑦闻：听说。⑧窍：孔洞。⑨详狂：假装发疯。详，通"佯"。⑩祭乐器：祭祀用的器具和乐器。

历史小达人

分封制

“分封制”是中国古代分封诸侯的制度。商朝就已经开始分封诸侯了，称号有侯和伯。周灭商后，获得了广阔的土地，为了更好地统治这些地区，周朝开始施行一套系统完备的分封制——周天子根据血缘关系的远近和功劳的大小，将宗亲和功臣分封到各地，授予他们管理土地和百姓的权力，建立诸侯国，以确保周王朝对地方的控制。所有的诸侯都必须定期拜见周天子，缴纳贡品、服从天子以示忠诚。如果哪位诸侯违反了制度，周天子可以联合其他诸侯一起讨伐他。

诸侯可以把自己的土地再次进行分封，比如一个诸侯有几个儿子，那么嫡长子继承诸侯的爵位，另外几个儿子会得到一部分封地，成为“大夫”。同样，大夫的嫡长子继承权位后，其他的儿子也会得到封地，成为“士”。分封制让诸侯的权力越分越细，就像一棵大树，不断地长出新枝嫩芽。实际上，天子也用这种方式分散了诸侯的力量。分封制贯穿周朝近 800 年的历史，一直到秦始皇时才废除分封制，改用郡县制。而汉朝的统治者在实行郡县制的同时，又采取了分封制的方法将土地分给皇亲国戚和功臣。

周朝早期，都城定在丰邑（也称丰京），武王时迁移到镐京。两座城池均在今天的陕西省西安市，丰在西，镐在东，二者隔河相望。武王将行政机关迁移到镐后，丰仍然作为祭祀场地和园林使用。周朝在丰、镐的建都，也开启了此后众多王朝在此定都的历史。武王伐纣最后攻破的朝歌，是当时商朝的陪都，在今天的河南省鹤壁市淇县。

周厉王

被赶出国都的暴君

姓名： 姓姬，名胡，史称“周厉王”

生卒年： ？—公元前 828 年

职业： 西周第 10 位君王

代表事迹： 贪财好利，监视民众

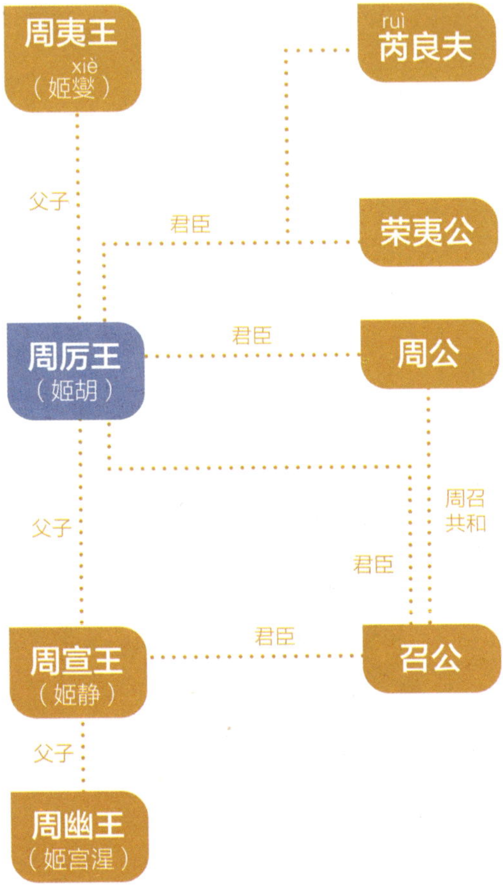

注：这里的周公和召公并非西周的开国功勋姬旦（周公旦、周公）和姬奭（召康公、召公），姬旦和姬奭二人因协助周武王灭商建周而受封，其子孙承袭爵位，也称周公和召公。

司马迁

西周时期有一位暴君，脾气火暴不说，在管理上也很任性。他不仅不让老百姓发牢骚，还跑到街上监视大家，谁发牢骚就让谁掉脑袋。于是，老百姓个个噤若寒蝉，只能用眼神来交流。最后，他被赶出了都城，这位君王就是周厉王。

召公： 洪水防得住，这民意恐怕防不住啊。😔

周厉王： 有什么防不住的，王就是天，能随便议论吗？😡

召公： 我觉得……

周厉王： @召公 我不要你觉得，我要我觉得。

周幽王： @周厉王 爷爷，我还是比不过您，我只是戏耍了大臣一番，您是压根儿就不让大家说话。高，实在是高！

普天之下都是我的

周武王之后，继位的成王和康王都非常勤勉能干，在他们的努力下，周朝迎来最强盛的时期，史称“成康之治”。不过，此后的子孙就没那么争气了，周朝开始走下坡路，到了周夷王时，国势衰微，各诸侯国都不来朝拜天子了。周夷王死后，他的儿子姬胡登上了历史舞台，即周朝第 10 位君主周厉王。

周厉王即位后野心勃勃，先后打败了犬戎、淮夷和宿夷。杀鸡给猴看的办法不错，其他诸侯国见状，纷纷表示以后一定老老实实地听话，恪守本分。

但是，此时的周朝早已今非昔比，国库入不敷出，众多土地山川也被贵族们给控制了，这样的国力显然支撑不了周厉王的“雄心壮志”。就在周厉王一筹莫展之时，大臣荣夷公出了个主意，提出把山林土地收归国有，设关卡征收税赋，百姓不能私自开垦。

周厉王

这天下都是我的，你们要给我上贡、上贡！还是荣夷公最懂我，又送来了 10 箱珠宝。

荣夷公：大王，您让我收缴的 10 箱财宝，我足足去了 5 个城市才找到。

周厉王：嗯，不错，领赏去吧！

芮良夫：大王，这样下去，恐怕国家会越来越穷。

周厉王：@ 芮良夫 你啥意思？

芮良夫：见者有份，您给大家分一点儿，大家的日子也会好过一点儿。先王正是这样做了，才建立起周朝大业啊！

周厉王：我要把财富牢牢抓在自己手里。

芮良夫：荣夷公这样大肆敛财，恐怕会失去民心，到那时，我怕……

周厉王：哼，别说了，我看你是不想要这颗脑袋了！

荣夷公的举措深得周厉王的欢心，被升为卿士，掌管国事，帮他大肆敛财。可惜的是，这一番操作几乎断绝了老百姓所有的经济来源。周公、召公、芮良夫等大臣看不下去了，就去劝谏周厉王。可是周厉王对他们的谏言充耳不闻，仍然一意孤行。

防民之口甚于防川

老百姓怨声载道，在大街上讨论天子的恶行，发泄心中的不满。周厉王知道后很生气，于是他从卫国找来一个巫师，让他来替自己监视那些背后议论他的人。

周厉王

三天不打上房揭瓦，那些背后说我坏话的人，简直坏透了。我从卫国找了个巫师，他跟荣夷公都是本王的眼睛。哼哼，说我坏话的人，你们可摊上事了，摊上大事了！

大臣甲： 农民好不容易有点收成，却还是吃不饱饭，都被荣夷公拿去了！

周厉王： 说荣夷公坏话，就是说我坏话，抓起来！

召公： 大王，您这样下去很危险啊。

周厉王： 召公，你多虑了，只要没人敢说本王的坏话，我就可以高枕无忧了。

召公： 这……唉！

周厉王

召公啊，我最近耳根子很清静啊，天下没人敢对我说三道四了。

召公

大王，防民之口甚于防川啊！

周厉王

你说这话是啥意思？

召公

以前治水的时候，水多了，就会把堤口冲开。您这样堵住老百姓的口，不让他们发表意见，这跟洪水决堤是一个道理啊。

周厉王

哼，只要把堤坝筑得高高的，洪水再大也不怕。我不信他们能闹出什么风浪。

荣夷公

是啊，召公这样说，分明是对我不满嘛。

召公

这，这……

周厉王

我知道召公你是为了国家好，但是你真的多虑了。

国人暴动

一时间，全国的老百姓都不敢说话了，在路上碰见了熟人，也只能偷偷摸摸地互相使个眼色。

周厉王的这种高压政策压得所有人都喘不过气来。公元前 841 年，忍无可忍的老百姓终于集结起来，围攻王宫。

惊慌失措的周厉王只得带领亲信逃到了彘（zhì，今山西霍县东北）。找不到周厉王，太子姬静就成了攻击的目标。召公赶紧将太子藏了起来，用自己的儿子代替太子，交给愤怒的老百姓。太子因此才免遭杀害。

召公

忠言逆耳呀，我多次劝谏，让我最担心的事还是发生了。唉！不知道是谁走漏了风声，说太子静躲在我家，这这这，暴民几次让我交出太子，可是一旦交出太子，我们大周的社稷可就毁了！为了国家，只能牺牲自己的孩子了，孩子，我对不起你啊！

周厉王：当时要是听召公的就好了，现在的我真狼狈！

召公：@ 周厉王 大王，您在外边要保护好自己。

周厉王：嗯，召公啊，一定替我保护好我们老姬家的人。

太子姬静：召公伯伯，我怕……

召公：太子别怕，我有办法。

共和行政

在周公和召公的劝解下，这场国人暴动总算得以平息。国不可一日无君，但太子年幼，于是便由周公、召公暂时联合执政，史称“共和行政”（又称“周召共和”），公元前 841 年也就是共和元年。

召公

家不可一日无主，国不可一日无君，可是老君主逃难，小君主还在穿开裆裤，这可咋整？我只能同周公一起替天子处理国事了！也希望我们二人联手，能让大周朝日新月异，重回巅峰。

周厉王：辛苦召公、周公二位，等我回去，咳咳咳。

太子姬静：您为了我，牺牲了自己的儿子，我一定要快快长大，多向您和周公学习。

周公：为大王分忧，是我们臣子的职责所在。

召公：太子如此懂事，相信大王也会欣慰的。

14 年后，流亡在外的周厉王在彘病死，长大了的太子姬静正式继位，这就是周宣王。他吸取了父王的教训，修复都城、虚心纳谏、安顿百姓、亲近贤臣，让百病缠身的周朝得到了暂时的喘息，这便是“宣王中兴”。

逃亡路上的反思

周厉王

怀念啊，我的王位，我的大周朝，我亲爱的宝贝太子静。我现在只能在逃亡的路上，跟野猪赛跑。

召公

大王啊，有我在，太子好着呢，您还是要保护好自己啊！

周厉王

放心吧，我挺好，有人说我坏话没？

召公

现在都什么时候了！大王还在担心这个。

荣夷公

大王啊，也不知道您在外面钱够不够花，我再去给您搜刮些钱财来。

周厉王

你住嘴，都怪你，说大周朝都是我的，没钱就直接向老百姓要，可是，你也不能一点儿都不给百姓留啊。

荣夷公

嗯，我检讨。不过，天天派人监视老百姓，这事可不是我干的。

周厉王

后悔啊，啥都晚了。告诉你们，要搞经济，也要注意百姓舆论，不能学我啊！

大臣甲

得，送您一顶大帽子，谥号“厉”字您领走。

经典原文

厉王太子静匿[①]召公之家，国人闻之，乃围之。召公曰："昔吾骤[②]谏王，王不从，以及[③]此难也。今杀王太子，王其以我为仇而怼[④]怒乎？夫事君者，险[⑤]而不仇怼，怨而不怒，况事王乎！"乃以其子代王太子，太子竟[⑥]得脱。召公、周公二相行政，号曰"共和"。共和十四年，厉王死于彘。

——《史记·周本纪》

译文 周厉王的太子姬静藏在召公家里，国都的百姓知道了，就把召公家包围起来。召公说："先前我多次劝谏君王，君王不听，以至于遭到这样的灾难。如果现在太子被人杀了，君王将会以为我对他记仇吧？侍奉君主的人，即使遇到危险也不该对君长心怀怨恨；即使怨恨也不能动怒，更何况侍奉天子呢！"于是用自己的儿子代替了王太子，王太子最终免遭杀害。召公、周公两相共同协商执政，称为"共和"。共和十四年，周厉王死在了彘。

注释：①匿：隐藏。②骤：屡次，多次。③及：赶上，招致。④怼：怨恨。⑤险：指处于险境。⑥竟：最终，终于。

历史小达人

共和行政

在周朝，生活在国都的百姓被称为“国人”，所以，反对周厉王的起义被称为“国人暴动”。国人暴动的结果是周厉王被赶走，周公、召公执掌朝政，被称为“共和行政”，这一年是公元前841年，在“夏商周断代工程”成果发布之前，长期被视为中国有确切纪年的开端。共和行政持续了十余年，被赶走的周厉王，因为失去民心和大臣的支持，再也没能回到都城，客死他乡。周厉王去世后，政权归于他的儿子周宣王。

太史公说

共和行政之后，周厉王的儿子周宣王当政，他任命了大量的贤臣良将，对内稳定国政，对外讨伐猃狁（xiǎn yǔn）、西戎、淮夷、楚国和徐国，周朝一度实现了中兴。但是好景不长，周宣王晚期滥杀功臣、独断专行，同时，对外战争又出现了惨烈的失败，周朝再度陷入困境。王位传到周幽王时，周朝走到了一个重要转折点。

周幽王

点燃时代落幕烽火的君主

姓名： 姬姓，名宫湦，史称“周幽王”

生卒年： 公元前 795 年—公元前 771 年

职业： 西周最后一任君王

代表事迹： 镐京地震，烽火戏诸侯，储君之争

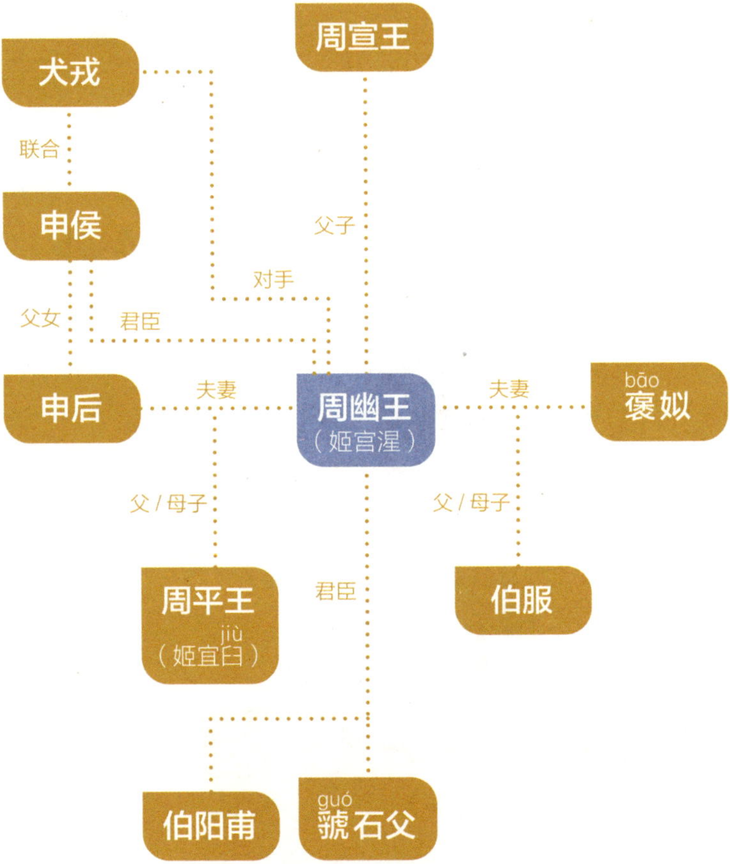
周宣王
犬戎
联合
申侯
父子
对手
父女
君臣
申后
夫妻
周幽王
（姬宫湦）
夫妻
bāo
褒姒
父/母子
父/母子
君臣
周平王
jiù
（姬宜臼）
伯服
伯阳甫
guó
虢石父

司马迁

今天说的这位，见不得天下太平，总爱搞事情。他执政时，遇上了地震也不着急，为了博心爱的美人一笑，弄了个大阵仗，最终把国家给玩坏了，他就是西周最后一个国君——周幽王。

夏桀： 兄弟，我懂你，我也巴不得美人妺（mò）喜天天对着我笑啊！

商纣王： 我们都已经过气啦！

周厉王： 孙儿啊，人家都在骂咱俩是昏君呢！

司马迁： @ 周厉王 @ 周幽王　你俩真是半斤八两，厉王是贪财好利，幽王是喜欢拿下属寻开心，时不时地逗他们玩。

地震了

周幽王

是谁在背后咒我？我刚即位一年，都城镐京就发生了地震。幸好大家都住茅草屋，房子塌了也没造成太大的人员伤亡。听说泾河、渭河和洛河的水见底了，不怕不怕，大灾之后，必有大福。

伯阳甫： 完了，国家要灭亡了！

周幽王： @伯阳甫 身为太史，你岂能胡说！

伯阳甫： 我有证据，从前，洛水枯竭了，夏朝亡了；黄河枯竭，商朝亡了。现在，山倒了，水枯了，这是亡国之兆啊！

周幽王： @伯阳甫 危言耸听，拉出去，打一顿。

伯阳甫： 大王，我说的话不出 10 年就会应验啊！😭

在周宣王的努力下，周朝有了一些好转。但是他频繁地对外征战，国家的财力、物力很快又被耗尽。公元前 782 年，周宣王去世，他的儿子姬宫湦继位，这就是“闻名后世”的周幽王。

别的君王登基都是祥瑞频出，可是周幽王比较惨，接手烂摊子后的第二年，都城镐京就发生了地震，附近的泾河、渭河以及洛河也发生了震动。这可是天大的灾难，周幽王却跟个没事人一样，一番瞎操作，让局势变得更加混乱了。

当时有个宠臣叫虢石父，深得周幽王的欢心，他不仅会拍马屁，还总是怂恿周幽王提高税收大肆捞钱。周幽王这样轻信小人，沉迷酒色，国家能好吗？

当时的周幽王已经有了王后申后和太子姬宜臼，但对于贪图享乐的他而言，这显然是不够的。有一次，褒国人得罪了周幽王，害怕他来讨伐自己，于是赶紧想法子讨好周幽王，又是送奇珍异宝，又是献美女。

褒国上贡的美女中，有一个名叫褒姒的绝色美女。周幽王对她一见钟情。但是，这褒姒哪儿都好，就是不爱笑。

周幽王为博褒姒一笑，把看家的本领都用上了，可是褒姒还是闷闷不乐，善于阿谀奉承的虢石父给周幽王出了一个馊主意，周幽王起初还有些为难，可是转念一想：作为天子，整个周朝都是我的，有什么不敢的？于是周幽王准备放大招了，他自编自导了一部治愈系古装大戏——“烽火戏诸侯”，还邀请了各路诸侯前来参演。

周幽王

今天约爱妃登上城楼，我要给她一个惊喜。我吹了声口哨，士兵就去把烽火台点燃了，一时间狼烟四起，遮天蔽日。烽火台是我们周朝的报警器，那些诸侯们看见了烽火，还以为我这发生了危险，赶紧穿上战衣，骑上战马，急急忙忙地赶到镐京。哈哈哈，有些诸侯居然连鞋子都跑丢了。功夫不负有心人，我的爱妃终于笑了，必须发朋友圈纪念一下。

诸侯 1：大王，敌寇在哪儿？

诸侯 2：大王，是犬戎打过来了吗？

周幽王：@ 诸侯 1 @ 诸侯 2 辛苦了各位，没有敌人，你们可以回去了。

虢石父：嘿嘿，这个方法是我想到的。

周幽王：不错，不错，重重有赏。

褒姒：大王，看那个诸侯，衣服都穿反了，真好玩。

诸侯们发现自己被耍了，十分生气。之后，周幽王又用这个办法戏弄了诸侯好几次，渐渐地，诸侯们都不再相信他了。

得罪岳父的下场

周幽王：各位大臣，咱们谈一谈接班人的问题。

虢石父：大王说啥就是啥。

周幽王：褒姒的儿子伯服聪明伶俐，跟我小时候很像，我想传位给他。

褒姒：大王，哪有这么自夸的。

周幽王：只要是你生的，就是最优秀的。

大臣 1：大王三思，太子宜臼没有过错，而且已经历练了好几年。

周幽王：伯服的母亲褒姒能力也很强，有她在，一定能够教好伯服。

大臣 2：大王，您的意思是要把王后也一起废掉?

周幽王：是啊。

大臣 3：请大王三思。

周幽王：哼，只要能让爱妃高兴，有什么好三思的!

虢石父：大王，接班人的事，您说了算，我们做臣子的，就做好自己的本分。

为了哄褒姒高兴，周幽王竟然废黜了申后和太子姬宜臼，改立褒姒为王后，伯服为太子。申后的父亲申侯得知后，勃然大怒，于是联合了缯（zēng）国和西夷犬戎，一起攻打周幽王。

申侯

这是欺负我女儿的娘家没人了吗？我申家人可不是吃素的，竟然欺负到我头上来了，闺女别怕，擦干眼泪，宜臼外孙，你是天生的王者，外公替你主持公道。

犬戎首领： 早就看他不顺眼了。

缯国国君： 是啊，被戏耍了好几次，我也咽不下这口气。

申侯： 为了我的外孙，为了周朝王位，请各位团结一心。

太子姬宜臼： 我父王为了那个女人废掉了我跟母后，这是胡作非为啊，大家要替天行道。

申侯： 还想重立太子？我让他早点儿准备后事。

公元前 771 年，申侯带领的联军兵临城下，周幽王这才发现镐京的兵力不够，急忙下令点燃烽火台。可是，被戏耍过的诸侯们都没有来。周幽王被迫逃往骊山，最终死在那里。犬戎闯进都城后，抢夺了大量的财宝，美人褒姒也作为战利品被掳走了。一段历史落下大幕，一个崭新的时代即将到来。

司马迁

周幽王死后，各地诸侯听从申侯，拥立姬宜臼继承了王位，这就是周平王，周平王带着家当迁往东边，史称“平王东迁”。西周从此落幕，东周正式登场，欲知后事如何，且听下回分解。

周平王： 犬戎年年来犯，我还是把都城迁走吧！

司马迁： @ 周平王 你父王给你留了个烂摊子。

周平王： @ 司马迁 我爹治国无能，心里只有宠妃，烽火戏诸侯，搞得民心尽失，落得如此悲惨的下场，也是自食其果。

周幽王： 儿啊！不能把灭国的责任都推到我的爱妃褒姒身上。怪我，怪我啊！

西周诸王总结会

周武王（第 1 位君王）

纣王暴虐，我继承父王遗志，灭商建周，定都镐京。

周公旦

是啊，可惜兄长去世太早了，留下一大摊子事儿，成王侄儿年幼，我得帮着把关，用分封制、井田制、礼乐制度，让咱们老姬家的天下稳定下来。

周昭王（第 4 位君王）

有了先王的“成康之治”，我可以大展拳脚，开疆拓土。这不，南征又取得了成功！

楚国国君

@ 周昭王 哈哈，可惜你在南征回来的途中淹死了，报应！谁让你总是征讨我们。

周厉王（第 10 位君王）

天下都是我家的，谁敢乱说话，我就把他关进小黑屋！

周幽王（第 12 位君王）

我真惨，上来就遇到地震，生活中唯一的乐趣也就是点个烽火，博媳妇开心了。

周平王

@ 周幽王 父王，要不是你烽火戏诸侯，引狼入室，我们能迁都搬家吗？

司马迁

@ 周平王 不好意思，这里是西周专场，您走错地方了！

经典原文

幽王以虢石父为卿，用事，国人皆怨。石父为人佞巧[①]善谀[②]好利，王用之。又废申后，去太子也。申侯怒，与缯、西夷犬戎攻幽王。幽王举烽火征兵[③]，兵莫至。遂杀幽王骊山下，虏褒姒，尽取周赂[④]而去。于是诸侯乃即[⑤]申侯而共立故幽王太子宜臼，是为平王，以奉周祀[⑥]。

——《史记·周本纪》

译文 周幽王任命虢石父为卿士，主持国政，国都中的百姓都有怨气。虢石父能说会道，喜欢阿谀奉承，还贪图财利，幽王却重用他。后来，又废黜申后和太子，这让申侯很气愤，申侯联合缯国，以及西夷的犬戎攻打幽王。幽王点燃烽火征集诸侯的军队救援，但诸侯的军队都不来。犬戎就把幽王杀死在骊山脚下，俘虏了褒姒，把周朝的财宝都拿走才离开。当时诸侯都到申侯这里来拥立从前幽王的太子宜臼，就是平王，以保持周朝的祀统。

注释：①佞巧：巧言谄媚。②谀：用言语奉承，讨好。③征兵：征集四方诸侯的救兵。④赂（lù）：财物。⑤即：接近，聚拢。⑥奉周祀：保持周朝的祀统。

历史小达人

真实的“烽火戏诸侯”

“烽火戏诸侯”是最早的关于长城的典故，流传至今，但历史的真相究竟如何呢？根据资料，公元前7世纪的东周春秋时期，楚国修筑了防御别国入侵的“楚方城”，东周战国时期的齐、魏、赵、秦、燕和中山等国也相继修建了“诸侯互防长城”。秦始皇统一六国以后，废弃了隔离各国的长城，将秦长城，以及赵国和燕国的长城连接起来，形成了一条西起临洮（táo），东至辽东长达万余里的长城。

但烽火制度在战国秦时期才出现，西周时期根本没有，《史记》里的这部分内容是司马迁根据战国时期的资料所写的，基础史料有问题，所以“烽火戏诸侯”基本属于杜撰。2012年，清华大学在整理所收藏的战国竹简时，发现竹简上对周幽王的记述与“烽火戏诸侯”的故事不一样。根据竹简记载，当时，周幽王主动进攻原来王后申氏的娘家申国，申侯也不甘示弱，于是就联合盟友缯国一起找到犬戎部落，共同反击周幽王。周幽王被打败了，西周因此而灭亡。所以，根本就没有“烽火戏诸侯”这回事。

西周灭亡后，周平王将国都迁到洛邑，也就是今天的河南洛阳，东周正式开始。虽然周朝得以延续，但是周天子的威望和实力一落千丈，历史进入了战乱频繁、群雄逐鹿的春秋战国时期。虽然诸侯名义上以周天子为尊，但是在这一时期，胁迫周天子，甚至直接攻打周王室的事情时有发生，周朝几乎名存实亡了。